CICÉRON

DEUXIÈME PHILIPPIQUE

1396. — PARIS, IMPRIMERIE A. LAHURE
9, Rue de Fleurus.

CICÉRON

DEUXIÈME PHILIPPIQUE

NOUVELLE ÉDITION

AVEC UNE INTRODUCTION, DES NOTES PHILOLOGIQUES ET LITTÉRAIRES
ET UN APPENDICE
SUR L'ÉLOQUENCE DE CICÉRON

PAR

G. LANSON

Ancien élève de l'École Normale supérieure
Professeur agrégé de Rhétorique au lycée de Moulins

PARIS
LIBRAIRIE CH. DELAGRAVE
15, RUE SOUFFLOT, 15

1881

INTRODUCTION

I

Le 15 mars 710 [1] César fut assassiné dans la curie de Pompée par M. Brutus et C. Cassius, préteurs, P. Casca, tribun, C. Trébonius, consulaire, et plusieurs autres conjurés. Cicéron, malgré sa liaison avec M. Brutus, n'était pas du complot. Les meurtriers montèrent au Capitole : Cicéron et un grand nombre de sénateurs se joignirent à eux. On délibéra sur la conduite à tenir. L'union avec Antoine fut proposée. Le 17 mars, jour des Liberalia, le sénat se réunit au temple de Tellus : la paix y parut assurée. Antoine, qui était consul, ne parla que de paix et de concorde. Il remit son fils en otage aux meurtriers de César. Il leur fit donner des provinces : la Crète à M. Brutus, la Cyrénaïque à C. Cassius, l'Asie à Trébonius, la Bithynie à Cimber, la Gaule citérieure à D. Brutus. Les actes de César furent maintenus, mais la dictature abolie. Cicéron encouragea de toutes ses forces ces dispositions pacifiques et tâcha de réveiller dans tous les cœurs l'amour de la liberté. La concorde ne dura pas longtemps. Antoine obtint l'autorisation de célébrer les funérailles de César. Il y

1. Ce résumé historique est tiré en grande partie de la Vie de Cicéron qui fait partie de l'*Onomasticum Tullianum* dans l'édition d'Orelli (t. VI).

lut le testament du dictateur, prononça son oraison funèbre, attaqua violemment les assassins, et termina en déployant la robe sanglante de César. Sa harangue et ce spectacle soulevèrent le peuple. La foule, composée en grande partie de vétérans, d'affranchis et de juifs, brûla le corps de César au milieu même du Forum, et courut avec des torches aux maisons des meurtriers pour les incendier. A la suite de cette émeute Brutus et Cassius quittèrent Rome, et restèrent quelque temps à Antium et à Lanuvium. Cicéron partit aussi au commencement d'avril et parcourut ses villas. Il écrivit les trois livres *de la Nature des Dieux*, les deux livres *de la Divination* et les traités *de la Vieillesse* et *de l'Amitié*. Cependant à Rome les consuls Antoine et Dolabella, qui avait succédé à César, firent mettre à mort un émeutier, un esclave qui se disait fils de C. Marius et en prenait le nom. Puis, tandis qu'Antoine parcourait l'Italie dans les mois d'avril et de mai, les troubles devinrent continuels à Rome. On avait élevé sur le Forum un autel et une colonne de marbre numidique à l'endroit où le corps de César avait été brûlé. Ce fut un prétexte à des manifestations bruyantes, et le désordre devint tel que Dolabella renversa l'autel et la colonne, et fit périr les plus séditieux. Cet événement donna une grande joie à Cicéron. Il écrivit une lettre de compliments à Dolabella. Il crut avoir trouvé un homme d'action, qu'il pourrait opposer à Antoine, et dont il ferait le soldat de la liberté. Mais Dolabella se réconcilia avec Antoine. Cicéron, déçu dans son attente, crut une seconde fois avoir trouvé l'instrument qu'il lui fallait pour sauver la République. C. Octavius, neveu et fils adoptif de César, arriva en Italie. Il était à Apollonie au moment du meurtre. Il se rendit tout d'abord à Pouzzoles chez son beau-frère L. Philippus. Cicéron demeurait dans le voisinage : il le visita, et sut lui plaire (avril). Il se rendit à Rome, où il réclama l'héritage de César. Antoine le reçut fort mal et redoubla de violences. Il s'empara de 700 millions de sesterces déposés par César dans le temple d'Ops. Cicéron continua de séjourner dans ses villas. Il écrivit le traité *de la Destinée*. A la fin du mois de mai il revint à Rome. Antoine avait convoqué le sénat pour le 1er juin. Mais il rentra dans Rome entouré de soldats qu'il avait ramassés dans les colonies de vétérans. Cet appareil militaire effraya les sénateurs, qui se dispersèrent. Cicéron partit encore une fois de Rome, et commença dans une de ses villas à écrire son traité *des Devoirs*. Il résolut, ayant le *jus legationis liberæ*, de faire un voyage en Grèce. Il comptait revenir pour le 1er janvier 711, où entreraient en charge Hirtius et Pansa, consuls désignés, dévoués à la liberté. Il partit d'Arpinum au commencement de juillet. Le 7 il était à Pouzzoles; le 20 à Vélie. Il s'y embarqua : il écrivit en mer les *Topiques*, qu'il envoya à Trébatius pour l'instruction de son fils. Le 1er août il était à Syracuse. Le lendemain, il reprit la mer, et fut jeté par les vents à Leucopetra, près de Rhégium. Il s'arrêta dans la villa de P. Valerius. Des gens de Rhégium vinrent lui annoncer, ce qui se trouva faux, qu'Antoine était disposé à la paix et allait faire sa soumission au sénat, et qu'on allait rappeler les meurtriers de César. Ils ajoutaient qu'on blâmait fort l'absence de Cicéron. Il renonça alors à ses projets de voyage, revint à Vélie où il rencontra Brutus, et de là à Rome, où il arriva le 31 août, et où il fut reçu par une immense multitude accourue aux portes pour le saluer et l'acclamer. Le 1er septembre, il y avait séance du sénat, où Antoine devait mettre en délibération un projet de loi sur des supplications en l'honneur de César. Cicéron ne vint pas à l'assemblée et s'excusa sur sa santé. Antoine s'emporta et déclara que, s'il ne venait pas, il lui enverrait des gens pour démolir sa maison. Le lendemain (2 septembre), Cicéron se rendit au sénat : Antoine était absent. Il prononça la première Philippique, où il ne se déclare pas encore l'ennemi d'Antoine, où il se dit même son ami. Il parla avec force, mais encore avec modération des causes de son retour, des maux de l'Etat, des illégalités d'Antoine, des actes de César, et il exhorta les consuls Antoine et Dolabella à bien servir la République et à conserver la liberté. Ce discours est la prise de possession par Cicéron de la direction du parti aristocratique. Désormais il est le chef du sénat, l'inspirateur de toutes ses résolutions. Antoine, irrité de ces attaques, ne garda plus de mesure : il convoqua le sénat pour le 19 septembre, et parla avec violence contre Cicéron, que ses amis avaient retenu chez lui.

La seconde Philippique est la réponse de Cicéron à cette furieuse harangue d'Antoine. Cicéron l'écrivit à la campagne dans une de ses villas. Il revint à Rome au mois de décembre, et, le 19, prononça la troisième Philippique au sénat, la quatrième devant le peuple.

Les autres Philippiques suivirent dans les premiers mois de l'année 711 : la cinquième, le 1er janvier, au sénat ; la sixième, le 4 janvier, devant le peuple ; la septième et la huitième, au sénat, entre le 4 janvier et le 15 mars ; la neuvième et la dixième, en mars ; la onzième, la douzième et la treizième, en avril ; la quatorzième enfin, le 23 avril, au sénat. Tous ces discours se rapportent à la guerre de Modène. Antoine disputait à D. Brutus la Gaule Cisalpine qu'un décret du sénat lui avait attribuée. Il alla l'assiéger dans Modène. Octave et les consuls Hirtius et Pansa furent chargés de délivrer Brutus. Antoine fut battu, mais les deux consuls furent tués.

II

Cicéron ne montra pas toujours pour Antoine la haine et le mépris qui éclatent dans la seconde Philippique. On y voit en regardant le texte d'un peu près le désir de donner le change sur le caractère de leurs relations. Il s'y défend visiblement d'avoir été l'ami d'Antoine et d'avoir professé pour lui d'autres sentiments que ceux qu'il a en ce moment. En réalité leurs relations, un peu équivoques, avaient été en apparence assez amicales jusque-là. Peu faits pour s'entendre, ils se craignaient et se ménageaient réciproquement, et se prodiguèrent d'autant plus les protestations amicales qu'ils s'aimaient moins. Une profonde antipathie se cache sous une apparence de vive amitié. De là une certaine duplicité dans la conduite de Cicéron : il n'a que des rapports très amicaux avec Antoine, mais dans les lettres confidentielles qu'il écrit à Atticus, il ne le ménage pas.

Il paraît que, selon la coutume romaine, Antoine avait dans sa jeunesse fréquenté sa maison[1], comme Cœlius et Dolabella, pour se former à l'éloquence. Plus tard il était intervenu pour réconcilier Antoine avec le père de Curion et faire payer par celui-ci les dettes du premier, dont Curion le fils avait répondu[2]. A la prière de César il l'avait aidé à obtenir la questure. Alors Antoine voulut tuer Clodius par dévouement pour Cicéron.

Quand la guerre civile éclata, Cicéron hésita longtemps à rejoindre Pompée. César et Cœlius lui écrivirent pour l'exhorter à rester neutre. Antoine se joignit

1. Phil. II, 2, 3. — 2. *Ibid.*, 18, 45.

à eux et dans les premiers jours de mai adressa à Cicéron la lettre suivante, que celui-ci déclare *odiosas*, mais dont le ton est très affable et même affectueux[1].

ANTONIUS TRIB. PL. PRO PR. CICERONI IMP. S. D.[2].

« Nisi te valde amarem, et multo quidem plus, quam tu putas, non extimuissem rumorem, qui de te prolatus est, cum præsertim falsum esse existimarem. Sed quia te nimio plus diligo, non possum dissimulare mihi famam quoque, quamvis sit falsa, magni esse. Te iturum trans mare credere non possum, cum tanti facias Dolabellam[3] et Tulliam tuam, feminam lectissimam, tantique ab nobis omnibus fias : quibus mehercule dignitas amplitudoque tua pæne carior est quam tibi ipsi. Sed tamen non sum arbitratus esse amici non commoveri etiam improborum sermone; atque eo feci studiosius, quod judicabam duriores partes mihi impositas esse ab offensione nostra, quæ magis a ζηλοτυπίᾳ mea quam ab injuria tua nata est. Sic enim volo te tibi persuadere, mihi neminem esse cariorem te, excepto Cæsare meo, meque illud una judicare, Cæsarem maxime in suis M. Ciceronem reponere. Quare, mi Cicero, te rogo, ut tibi omnia integra serves, ejus fidem improbes, qui tibi ut beneficium daret, prius injuriam fecit : contra ne profugias, qui te, etsi non amabit, — quod accidere non potest, — tamen salvum amplissimumque esse cupiet. Dedita opera ad te Calpurnium, familiarissimum meum, misi, ut mihi magnæ curæ tuam vitam ac dignitatem esse scires. »

On a le résumé de la réponse de Cicéron[4] :

« Nihil me contra Cæsaris rationes cogitare; meminisse me generi mei, meminisse amicitiæ; po-

1. Ad Att., X, 8, A. — 2. Mars 705. — 3. Il avait suivi le parti de César. — 4. Ad Att., X, 10, 1.

tuisse, si aliter sentirem, esse cum Pompeio : me autem, quia cum lictoribus invitus cursarem, abesse velle, nec id ipsum certum etiam nunc habere. »

Antoine répondit par un billet assez bref (σκυτάλην Λακωνικήν), que Cicéron trouve très insolent (παροινικῶς)[1].

« Tuum consilium quam verum est. Nam qui se medium esse vult, in patria manet; qui proficiscitur, aliquid de altera utra parte judicare videtur. Sed ego is non sum, qui statuere debeam, jure quis proficiscatur necne. Partes mihi Cæsar has imposuit, ne quem omnino discedere ex Italia paterer. Quare parvi refert me probare cogitationem tuam, si nihil tamen tibi remittere possum. Ad Cæsarem mittas censeo, et ab eo hoc petas. Non dubito, quin impetraturus sis, cum præsertim te amicitiæ nostræ rationem habiturum esse pollicearis. »

Antoine avec beaucoup de ménagements, mais avec beaucoup de fermeté, essaya de retenir Cicéron en Italie.

Le 21 mars, Cicéron écrivait[2] :

« Antonius autem VI Id. Capuam profectus est ; ad me misit, se pudore deterritum ad me non venisse, quod me sibi succensere putaret. »

Enfin Cicéron partit. Quand il revint, après Pharsale (706), Antoine était chargé par César d'exclure de l'Italie tous les Pompéiens. Il résolut d'obéir en ce qui concernait Cicéron, mais en y mettant tous les égards qu'il pourrait. Et il finit par laisser Cicéron à Brindes sur l'assurance que cela ne déplairait pas à César[3].

Octobre 706. « Ad me misit Antonius exemplum Cæsaris ad se litterarum in quibus erat se audisse Catonem et L. Metellum in Italiam venisse, Romæ ut

1. Ad Att., X, 10, 2, mars 705. — 2. Ad Att., X, 15, 3. — 3. Ad Att., XI, 7, 2.

essent palam : id sibi non placere, ne qui motus ex eo fierent : prohiberique omnes Italia nisi quorum ipse causam cognovisset : deque eo vehementius erat scriptum. Itaque Antonius petebat à me per litteras ut sibi ignoscerem, facere se non posse, quin iis litteris pareret. Tum ad eum misi L. Lamiam qui demonstraret illum Dolabellæ dixisse, ut ad me scriberet, ut in Italiam quam primum venirem : ejus me litteris venisse. Tum ille edixit ita ut me exciperet et Lælium nominatim. Quod sane nollem : poterat enim sine nomine res ipsa excipi. »

Au bout de quelques mois il s'ennuya à Brindes. Nouvelle lettre à Antoine, qui lui permit d'aller où il voudrait en Italie.

7 avril 707[1]. « Quodvis supplicium levius est hac permansione. Hac de re ad Antonium scripsi et ad Balbum et ad Oppium. »

Il est hors de doute qu'Antoine eut dans toutes ces circonstances de grands égards pour Cicéron et lui marqua toute la bienveillance qu'il put. C'était de la politique, si l'on veut, plus que de l'amitié. Mais cette facilité d'Antoine embarrassa plus tard Cicéron, qui tâcha dans les Philippiques[2] d'atténuer le plus possible l'obligation qu'il en devait avoir à Antoine.

Dès 703, du reste, les traits satiriques contre la vie d'Antoine abondent dans ses lettres, et l'on voit que l'amitié réelle est faible entre ces deux hommes.

705, 12 mars[3]. « Hic tamen Cytherida secum lectica aperta portat, alteram uxorem : septem præterea conjunctæ lecticæ amicarum, eæ sunt amicorum. Vide quam turpi leto pereamus. »

22 mars[4]. « Collega noster Antonius, cujus inter lictores lectica mima portatur. »

16 mars. « Tu Antonii leones pertimescas cave.

1. Ad Att., XI, 18. — 2. II, 3, 5. — 3. Ad Att., X, 10, 5. — 4. Ad Att., X, 16, 5.

Nihil est illo homine jucundius. Attende πρᾶξιν πολιτικοῦ. Evocavit litteris e municipiis decem primos et IIII viros. Venerunt ad villam ejus mane. Primum dormiit ad h. III. Deinde cum esset nuntiatum venisse Neapolitanos et Cumanos — his enim est Cæsar iratus — postridie redire jussit : lavari se velle, et περὶ κοιλιολυσίαν γίνεσθαι. Hoc heri effecit. Hodie autem in Ænariam transire constituit. Exsulibus reditum pollicetur[1]. »

Après le meurtre de César, il avait conseillé l'union, et appuyé les premières mesures d'Antoine, quoiqu'il dise dans la seconde Philippique qu'il engagea les conjurés à se méfier de lui. Même après les funérailles de César, lorsque Antoine eut expulsé les meurtriers et se fut rendu maître de Rome, les relations qu'il a avec Cicéron sont encore tout amicales. Voulant rappeler un certain Sex. Clodius, jadis agent de P. Clodius, qui après sa mort avait ameuté le peuple pour brûler son cadavre sur la voie Appienne, où il avait été tué, et qui pour ce fait avait été banni, Antoine ne le fit point sans le conseil de Cicéron, à qui il écrivit une lettre pleine de déférence[2]. Cette lettre est de la fin d'avril 710. Cicéron était alors dans une de ses villas.

ANTONIUS CONSUL S. D. M. CICERONI.

« Occupationibus est factum meis et subita tua profectione, ne tecum coram de hac re agerem. Quam ob causam vereor, ne absentia mea levior sit apud te. Quod si bonitas tua responderit judicio meo, quod semper habui de te, gaudebo. A Cæsare petii, ut Sex. Clodium restitueret ; impetravi. Erat mihi in animo etiam tum sic uti beneficio ejus, si tu concessisses. Quo magis laboro, ut tua voluntate id per me facere

1. Ad Att., X, 13. — 2. Ad Att., XIV, 13, A.

nunc liceat. Quod si duriorem te ejus miseræ et afflictæ fortunæ præbes, non contendam ego adversus te. Quanquam videor debere tueri commentarium Cæsaris. Sed mehercule, si humaniter et sapienter et amabiliter in me cogitare vis, facilem profecto te præbebis, et voles P. Clodium, optima in spe puerum repositum, existimare non te insectatum esse, cum potueris, amicos paternos. Patere, obsecro, te pro republica videri gessisse simultatem cum patre ejus. Non contempseris hanc familiam. Honestius enim et libentius deponimus inimicitias reipublicæ nomine susceptas quam contumaciæ. Me deinde sine ad hanc opinionem jam nunc dirigere puerum et tenero animo ejus persuadere non esse tradendas posteris inimicitias. Quanquam tuam fortunam, Cicero, ab omni periculo abesse certum habeo, tamen arbitror malle te quietam senectutem et honorificam potius agere quam sollicitam. Postremo meo jure te hoc beneficium rogo. Nihil enim non tua causa feci. Quod si non impetro, per me Clodio daturus non sum, ut intelligas, quanti apud me auctoritas tua sit, atque eo te placabiliorem præbeas. »

Cicéron répondit (XIV, 13, B) :

CICERO ANTONIO COS. S. D.

« Quod mecum per litteras agis, unam ob causam mallem coram egisses. Non enim solum ex oratione, sed etiam ex vultu et oculis et fronte — ut aiunt — meum erga te amorem perspicere potuisses. Nam cum te semper amavi, primum tuo studio, post etiam beneficio provocatus, tum his temporibus respublica te mihi ita commendavit, ut cariorem habeam neminem. Litteræ vero tuæ cum amantissime, tum honorificentissime scriptæ sic me affecerunt, ut non dare tibi beneficium viderer, sed accipere a te ita petente, ut inimicum meum, necessarium tuum, me invito servare nolles, cum id nullo negotio facere posses. Ego vero tibi istuc, mi Antoni, remitto, atque ita, ut me a te, cum iis verbis scripseris, liberalissime atque honorificentissime tractatum existimem; idque cum totum, quoquo modo se res haberet, tibi dandum putarem, tum do etiam humanitati et naturæ meæ. Nihil enim unquam non modo acerbum in me fuit, sed ne paulo quidem tristius aut severius quam necessitas reipublicæ postulavit. Accedit ut ne in ipsum quidem Clodium meum insigne odium fuerit unquam; semperque ita statui non esse insectandos inimicorum amicos, præsertim humiliores, nec his præsidiis nosmet ipsos esse spoliandos. Nam de puero Clodio tuas partes esse arbitror, ut ejus animum tenerum, quemadmodum scribis, iis opinionibus imbuas, ut ne inimicitias residere in familiis nostris arbitretur. Contendi cum P. Clodio, cum ego publicam causam, ille suam defenderet. Nostras concertationes respublica dijudicavit; si viveret, mihi cum illo nulla contentio jam maneret. Quare quoniam hoc a me sic petis, ut, quæ tua potestas est, ea neges te me invito usurum, puero quoque hoc a me dabis, si tibi videbitur : non quo aut ætas nostra ab illius ætate quidquam periculi debeat suspicari, aut dignitas mea ullam contentionem extimescat, sed ut nosmet ipsi inter nos conjunctiores, quam adhuc fuimus simus. Interpellantibus enim his inimicitiis, animus tuus magis patuit quam domus. Sed hæc hactenus. Illud extremum : ego, quæ te velle quæque ad te pertinere arbitrabor, semper sine ulla dubitatione summo studio faciam. Hoc velim tibi penitus persuadeas. »

Cicéron envoya la lettre d'Antoine et sa réponse à Atticus, en les appréciant ainsi (XIV, 13, 6) :

« M. Antonius ad me scripsit de restitutione Sex. Clodii; quam honorificentissime, quod ad me attinet, ex ipsius litteris cognosces, — misi enim tibi exemplum;

— quam dissolute, quam turpiter, quamque ita perniciose, ut nonnunquam Cæsar desiderandus videatur, facile existimabis. Quæ enim Cæsar nunquam neque fecisset neque passus esset, ea nunc ex falsis ejus commentariis proferuntur. Ego autem Antonio facillimum me præbui. Etenim ille, quoniam semel induxit animum sibi licere, quod vellet, fuisset nihilo minus me invito. Itaque mearum quoque litterarum misi tibi exemplum. »

Si la lettre d'Antoine faisait regretter César, on ne conçoit guère que l'intérêt de l'Etat rendît Antoine plus cher à Cicéron, ainsi qu'il le déclare. Toute cette réponse de Cicéron n'est pas dans le ton convenable. Les protestations d'amitié y sont trop fortes, pour n'y voir que des formules de politesse et une complaisance contrainte. Jamais consentement forcé ne parut donné de meilleure volonté. Cicéron eût pu témoigner un peu moins d'affection à Antoine, même en lui accordant ce qu'il ne pouvait lui refuser.

A la fin de mai il fait encore profession d'aimer Antoine. Il écrit à Tiron[1].

« Ego tamen Antonii inveteratam sine ulla offensione amicitiam retinere sane volo, scribamque ad eum, sed non ante quam te videro. Nec tamen te avoco a syngrapha : γόνυ κνήμης. »

Antoine, en effet, assez mauvais payeur, n'aime pas les créanciers qui lui réclament de l'argent, et il faut de la précaution pour ne pas se brouiller avec lui.

A la même époque, Cicéron s'emploie activement à faire confirmer par les consuls Antoine et Dolabella un décret de César. Les habitants de Buthrote n'avaient pas payé une contribution de guerre que César leur avait imposée. Leur territoire avait été confisqué. Plus tard

1. Ad Fam., XVI, 23.

Atticus paya pour eux, et obtint que le décret fût rapporté par une nouvelle ordonnance de César, qui fut rendue peu de jours avant les Ides de mars. Il voulut faire confirmer par les consuls la libération du territoire de Buthrote, et Cicéron l'y aida. Il écrivit là-dessus à Plancus, alors préteur, à Dolabella, même à L. et M. Antonius.

« Cum Antonio autem sic agemus ut perspiciat, si in eo negotio nobis satisfecerit, totum me futurum suum[1]. »

Et il se prévalait du sénatus-consulte rendu sur la proposition d'Antoine le 17 mars, et ratifiant tous les actes de César, pour réclamer le maintien du décret relatif à Buthrote.

A la fin du même mois de mai, au moment de partir pour la Grèce, c'est à Antoine encore qu'il s'adressa pour obtenir le *jus legationis*.

« Scripsi ad Antonium de legatione, ne, si ad Dolabellam solum scripsissem, iracundus homo commoveretur. Quod autem aditus ad eum difficilior esse dicitur, scripsi ad Eutrapelum, ut is ei meas litteras redderet, legatione mihi opus esse. Honestior est votiva : sed licet uti utraque[2]. »

Ainsi les relations de Cicéron et d'Antoine officiellement ne sont ni rompues ni même refroidies. Ils sont toujours amis en apparence.

Cependant les violences d'Antoine étaient devenues déjà intolérables. Déjà Cicéron ne cessait de gémir dans ses lettres à Atticus sur la malheureuse situation de la république et le peu de succès du meurtre de César. Il excitait les conjurés et leurs amis contre Antoine : il disait à Cassius qu'il n'avait pas encore assez fait pour l'Etat, et lui signalait Antoine comme un autre tyran à détruire. Il lui cherchait partout des ennemis et ré-

1. Ad Att., XIV, 1, A, 18 mai. — 2. Ad Att., XV, 8.

pandait dans ses lettres intimes contre tous les actes d'Antoine les invectives dont la réunion devait former la seconde Philippique.

D'abord il le méprise trop pour le craindre et son ivrognerie le rassure.

710, vers le 10 avril[1]. « Odorare Antonii διάθεσιν : quem quidem ego epularum magis arbitror rationem habere quam quidquam mali cogitare. »

Bientôt la politique ambitieuse d'Antoine se dessine et le mépris tranquille des premiers jours fait place à la crainte et à la colère.

710, 11 avril. « Ab aleatore φυρμὸς πολύς[2]. Nam ista quidem Cæsaris libertorum facile opprimeretur, si recta saperet Antonius.... Sed vides magistratus, si quidem illi magistratus : vides tamen tyranni satellites in imperiis : vides ejusdem exercitus : vides in latere veteranos ; quæ sunt εὐρίπιστα omnia : eos autem, qui orbis terræ custodiis non modo sæpti, verum etiam magni esse debebant, tantummodo laudari atque amari, sed parietibus contineri. Atque illi quoquo modo beati : civitas misera. »

13 avril[3]. « Antonii colloquium cum heroibus nostris pro re nata non incommodum. Sed tamen adhuc nihil me delectat præter Idus Martias.... Quid enim miserius quam ea nos tueri, propter quæ illum oderamus?... Nihil enim tam σόλοικον, quam τυραννοκτόνους in cœlo esse, tyranni facta defendi? »

Vers le 18 avril[4]. « Meministine te clamare causam perisse, si funere elatus esset? At ille etiam in foro combustus laudatusque miserabiliter[5] : servique et egentes in tecta nostra cum facibus immissi. Quæ deinde? ut audeant dicere, « tune contra Cæsaris nutum? » Hæc et alia ferre non possum. »

1. Ad Att., XIV, 3, 2. — 2. Ad Att., XIV, 5. — 3. Ad Att., XIV, 6. — 4. Ad Att., XIV, 10. — 5. Cf. Phil. II, 36, 91.

Vers le 20 avril[1]. « Cum equidem concionem lego, *de tanto viro, de clarissimo civi*, ferre non queo : etsi ista jam ad risum. Sed memento : sic alitur consuetudo perditarum concionum : ut nostri illi, non heroes, sed dii, futuri quidem in gloria sempiterna sint, sed non sine invidia, ne sine periculo quidem. Verum illis magna consolatio conscientia maximi et clarissimi facti : nobis quæ? qui interfecto rege liberi non sumus[2]. Sed hæc fortuna viderit, quoniam ratio non gubernat. »

22 avril[3]. « O mi Attice, vereor ne nobis Idus Martiæ nihil dederint præter lætitiam et odii pœnam et doloris. Quæ mihi istim afferuntur? Quæ hic video? Ὦ πράξεως καλῆς μὲν, ἀτελοῦς δέ! Scis quam diligam Siculos et quam illam clientelam honestam judicem. Multa illis Cæsar, neque me invito, etsi Latinitas erat non ferenda : verumtamen.... Ecce autem Antonius, accepta grandi pecunia, fixit legem a dictatore comitiis latam, qua Siculi cives Romani : cujus rei, vivo illo mentio nulla[4]. Quid? Dejotari nostri causa non similis[5]? Dignus ille quidem omni regno, sed non per Fulviam. Sexcenta similia. »

Fin d'avril[6]. « Ita Brutos Cassiumque defendis, quasi eos ego reprehendam, quos satis laudare non possum. Rerum ego vitia collegi, non hominum. Sublato enim tyranno, tyrannida manere video. Nam, quæ ille facturus non fuit, ea fiunt, ut de Clodio[7] : de quo mihi exploratum est illum non modo non facturum, sed etiam ne passurum quidem fuisse ; sequitur Rufio Vestorianus, Victor, nunquam scriptus, ceteri, quis non? Cui servire ipsi non potuimus, ejus libellis paremus. Nam Liberalibus[8] quis potuit in senatum non venire? Fac id potuisse aliquo modo : num etiam, cum venissemus, libere potuimus sententiam dicere? Nonne omni ratione

1. Ad Att., XIV, 11. — 2. Cf. Phil. II, 14, 34. — 3. Ad Att., XVI, 12. — 4. Cf. Phil. II, 36, 92. — 5. Cf. *Ibid.*, 37, 93. — 6. Ad Att., XIV, 14. — 7. Cf. Phil. II, 4, 9. — 8. Le 17 mars. Cf. Phil. II, 35, 89. 90.

veterani, qui armati aderant, cum præsidii nihil nos haberemus, defendendi fuerunt? Illam sessionem Capitolinam mihi non placuisse tu testis es. Quid ergo? Ista culpa Brutorum? Minime illorum quidem : sed aliorum brutorum qui se cautos ac sapientes putant : quibus satis fuit lætari, nonnullis etiam gratulari : nullis permanere. Sed præterita omittamus : istos omni cura præsidioque tueamur ; et quemadmodum tu præcipis, contenti Idibus Martiis simus : quæ quidem nostris amicis, divinis viris, aditum ad cœlum dederunt, libertatem populo Romano non dederunt. Recordare tua. Nonne meministi clamare te omnia perisse, si ille funere elatus esset? Sapienter id quidem. Itaque, ex eo quæ manarint, vides. Quæ scribis Kalendis Juniis Antonium de provinciis relaturum, ut et ipse Gallias habeat, et utrisque dies prorogetur, licebitne decerni libere? Si licuerit, libertatem esse recuperatam lætabor ; si non licuerit, quid mihi attulerit ista domini mutatio, præter lætitiam quam oculis cepi justo interitu tyranni? Rapinas scribis ad Opis fieri [1] ; quas nos tunc quoque videbamus. Ne nos et liberati ab egregiis viris nec liberi sumus. Ita laus illorum est, culpa nostra. »

7 mai [2]. « Antonius ad me tantum de Clodio rescripsit, meam lenitatem et clementiam et sibi esse gratam et mihi voluptati magnæ fore. Sed Pansa furere videtur de Clodio itemque de Dejotaro, et loquitur severe, si velis credere [3]. »

11 mai [4]. « Antonii consilia narrabat (Balbus) : illum circumire veteranos, ut acta Cæsaris sancirent idque se facturos esse jurarent, ut rata omnes haberent eaque duumviri omnibus mensibus inspicerent.... [5]. »

22 mai [6]. « Antonio, quam est, volo pejus esse. »

1. Cf. Phil. II, 14, 35, 37, 93. — 2. Ad Att., XIV, 19. — 3. Cf. Phil. II, 4, 9, 37, 93. — 4. Ad Att., XIV, 21. — 5. Cf. Phil. II, 39, 100, 101. — 6. Ad Att., XV, 3.

23 mai[1]. « Antonii consilia narras turbulenta : atque utinam potius per populum agat quam per senatum.... Cetera coram, et maxime, quid nostris faciendum sit, quid etiam nobis, si Antonius militibus obsessurus est senatum[2]. »

Fin de mai[3]. « Mihique ut absim, vehementer auctor est (Hirtius); et ille quidem periculi causa, quod sibi etiam fuisse dicit : ego autem, etiam ut nullum periculum sit, tantum abest, ut Antonii suspicionem fugere nunc curem, ne videar ejus secundis rebus non delectari, ut mihi causa ea sit, cur Romam venire nolim, ne illum videam. Varro autem noster ad me epistolam misit sibi a nescio quo missam — nomen enim delerat — in qua scriptum erat veteranos eos qui rejiciantur, — nam partem esse dimissam, — improbissime loqui : ut magno periculo Romæ sint futuri, qui ab eorum partibus dissentire videantur. Quis porro noster itus, reditus, vultus, incessus inter istos? Quod si, ut scribis, L. Antonius in D. Brutum, reliqui in nostros, ego quid faciam? aut quo me pacto geram? Mihi vero deliberatum est, ut nunc quidem est, abesse ex ea urbe, in qua non modo florui cum summa, verum etiam servivi cum aliqua dignitate. »

Fin de mai, à Cassius[4]. « Nam ut adhuc quidem actum est, non regno, sed rege liberati videmur : interfecto enim rege regios omnes nutus tuemur. Neque vero id solum, sed etiam, quæ ipse ille, si viveret, non faceret, ea nos quasi cogitata ab illo probamus. Nec ejus quidem rei finem video. Tabulæ figuntur, immunitates dantur, pecuniæ maximæ describuntur, exsules reducuntur; senatus consulta falsa referuntur[5] : ut tantummodo odium illud hominis impuri et servitutis dolor depulsus esse videatur, respublica jaceat in iis

1. Ad Att., XV, 4. — 2. Dans la séance annoncée pour le 1er juin. — 3. Ad Att., XV, 5. — 4. Ad Fam., XII, 1. — 5. Cf. Phil. II, 36, 92.

perturbationibus, in quas eam ille conjecit.... Adhuc ulta suas injurias est per vos interitu tyranni : nihil amplius. Ornamenta vero sua quæ reciperavit? an quod ei mortuo paret, quem vivum ferre non poterat? cujus æra refigere debebamus, ejus etiam chirographa defendimus[1] ? At enim ita decrevimus. Fecimus id quidem temporibus cedentes, quæ valent in republica plurimum : sed immoderate quidam et ingrate nostra facilitate abutuntur. »

Milieu de juin[2]. « Quod ais, extrema quædam jam homines de republica loqui et eos quidem viros bonos : ego, quo die audivi illum tyrannum in concione *clarissimum virum* appellari[3], subdiffidere cœpi : postea vero quam tecum Lanuvii vidi nostros tantum spei habere ad vivendum quantum accepissent ab Antonio, desperavi. Itaque, mi Attice, fortiter hoc velim accipias, ut ego scribo. Genus illud interitus, quo causæ cursus est, fœdum duces et quasi denuntiatum nobis ab Antonio, ex hac nassa exire constitui, non ad fugam sed ad spem mortis melioris. Hæc omnis culpa Bruti[4]. Pompeium Carteiæ receptum scribis : jam igitur contra hunc exercitum. Utra ergo castra? Media enim tollit Antonius. Illa infirma, hæc nefaria. »

22 juin[5]. « Narro tibi : Q. pater exsultat lætitia. Scripsit enim filius se idcirco profugere ad Brutum voluisse, quod, cum sibi negotium daret Antonius, ut eum dictatorem efficeret,. præsidium occuparet, id recusasset; recusasse autem se ne patris animum offenderet : ex eo sibi illum hostem. »

Fin de juin[6]. « Pansam bene loqui credo.... Inimicissimum Antonio. Quando aut cur? quousque ludemur? Ego autem scripsi Sextum[7] adventare, non quo jam adesset, sed quia certe id ageret, ab armisque nullus

1. Cf. Phil. II, 38, 97. — 2. Ad Att., XV, 20. — 3. Cf. Phil. II, 36, 91. — 4. Parce qu'il a laissé vivre Antoine. Cf. Phil. II, 14, 34. — 5. Ad Att., XV, 21. — 6. Ad Att., XV, 22. — 7. Sex. Pompeius.

discederet. Certe, si pergit, bellum paratum est. Hic autem noster Cytherius, nisi victorem, neminem victurum. »

19 août[1]. « Ibi (apud Leucopetram) cum ventum exspectarem — erat enim villa Valerii nostri, ut familiariter essem et libenter, — Rhegini quidam, illustres homines, eo venerunt, Roma sane recentes.... Hæc afferebant : edictum Bruti et Cassii, et fore frequentem senatum kalendis[2] : a Bruto et Cassio litteras missas ad consulares et prætorios : ut adessent, rogare. Summam spem nuntiabant, fore, ut Antonius cederet, res conveniret, nostri Romam redirent. Addebant etiam me desiderari, subaccusari. Quæ cum audissem, sine ulla dubitatione abjeci consilium profectionis. »

Fin d'août, à Plancus[3]. « Et abfui proficiscens in Græciam et posteaquam de meo cursu reipublicæ sum voce revocatus, nunquam per M. Antonium quietus fui : cujus tanta est non insolentia, — nam id quidem vulgare vitium est, — sed immanitas, non modo ut vocem sed ne vultum quidem liberum possit ferre cujusquam.... Quæ potest enim spes esse in ea republica in qua hominis impotentissimi atque intemperantissimi armis oppressa sunt omnia? et in qua nec senatus nec populus vim habet ullam; nec leges ullæ sunt, nec judicia, nec omnino simulacrum aliquod ac vestigium civitatis. »

Les dispositions de Cicéron pour Antoine ne sont pas équivoques. Cependant il se contient par prudence, et pendant plusieurs mois il se tient à l'écart, sans paraître vouloir prendre parti contre Antoine. Il fait provision de griefs et de haine, mais il recule devant une rupture. Revenu à Rome, il ne va pas au sénat le

1. Ad Att., XVI, 7. — 2. 1er septembre. Cicéron n'assista pas à cette séance. — 3. Ad Fam., X, 1.

1er septembre. Il faut les provocations et les menaces d'Antoine pour l'y amener le 2. Il prononça dans la séance du 2 sa première Philippique ; même en attaquant les illégalités commises par Antoine, il se contient encore et tâche d'éviter une rupture dangereuse. Il loue la conduite d'Antoine après la mort de César, et se déclare l'ami et l'obligé d'Antoine :

« Pauca[1] querar de hesterna M. Antonii injuria : cui sum amicus, idque me nonnullo ejus officio debere esse præ me semper tuli. »

Cette profession publique d'amitié ne trompa pas Antoine. Les vrais sentiments de Cicéron se faisaient assez jour dans le reste du discours. La rupture si longtemps retardée et redoutée par Cicéron éclata. L'amitié factice qui unissait ces deux hommes depuis si longtemps disparut et fit place à la haine. Une lutte violente éclata entre ces deux esprits incompatibles, aussi opposés par leurs qualités que par leurs faiblesses.

Antoine, qui était absent le 2 septembre, répliqua le 19 à l'attaque de Cicéron. Sa réponse toucha celui-ci au vif : et il en parla avec colère dans une lettre qu'il écrivit alors à Cassius[2].

« Homo amens et perditus multoque nequior quam ille ipse quem tu nequissimum occisum esse dixisti, cædis initium quærit : nullamque aliam ob causam me auctorem fuisse Cæsaris interficiendi criminatur, nisi ut in me veterani incitentur.... Cædem enim gladiator quærit, ejusque initium a. d. XIII Kal. Oct. a me se facturum putavit : ad quam paratus venerat, cum in villa Metelli complures dies commentatus esset. Quæ autem in lustris et in vino commentatio potuit esse? Itaque omnibus est visus, ut ad te antea scripsi, vomere suo more, non dicere. »

1. Phil. I, 4, 11. — 2. Ad Fam., XII, 2.

Antoine rappela à Cicéron l'obligation qu'il lui avait de la vie, lorsqu'il l'avait laissé séjourner à Brindes[1]. Il se plaignit que leur amitié fût violée par Cicéron, qui avait pris parti contre lui dans un procès[2]. Il lut une lettre de Cicéron, qui renfermait peut-être de fortes protestations d'amitié, comme celle que j'ai citée plus haut[3]. Accusé de commettre des illégalités, il renvoya l'accusation à son adversaire. Il rappela l'exécution des complices de Catilina, mis à mort sans jugement du peuple[4]. Il accusa Cicéron d'avoir été l'instigateur du meurtre de Clodius[5], l'auteur de la rupture de César et de Pompée[6], le promoteur de la conjuration contre César[7]. La conduite de Cicéron pendant la guerre civile, si pleine d'incertitudes, fut attaquée vivement par Antoine[8]. Il rappela que Pompée et ses amis avaient parfois ménagé assez peu dans leurs propos le grand orateur[9]. Enfin il reprochait à Cicéron de n'avoir jamais reçu de legs[10]. Unissant la raillerie à la violence, il se moquait des vers de Cicéron et de ses plaisanteries[11], et ce ne fut pas ce qui piqua le moins Cicéron dans cette réplique.

Après la violente invective d'Antoine, Cicéron n'eut plus d'hésitation ni de peur. Il ne garda plus de mesure, et lança sa seconde Philippique, le plus éloquent et le plus âpre des pamphlets, qui fut suivie de nombreux discours, aussi violents, aussi agressifs. Ce fut désormais un duel à mort entre ces deux hommes : lutte inégale, Cicéron le savait bien, et l'écrivait à Cornificius.

« Nos hic cum homine gladiatore omnium nequissimo, collega nostro Antonio, bellum gerimus, sed non pari conditione, contra arma verbis[12]. »

Tout inégale qu'elle était, cette lutte dura plus d'un

1. Phil. II, 3, 5. — 2. *Ibid.*, 2, 3. — 3. *Ibid.*, 7. — 4. *Ibid.*, 5. 11. — 5. *Ibid.*, 9, 21. — 6. *Ibid.*, 9, 23. — 7. *Ibid.*, 11, 25. — 8. *Ibid.*, 15, 37. — 9. *Ibid.*, 15, 38. — 10. *Ibid.*, 16, 40. — 11. *Ibid.*, 8, 20, 16. 39. — 12. Ad Fam., XII, 23 octobre 710.

an. A la fin pourtant la force brutale l'emporta sur l'éloquence. Les Philippiques tuèrent leur auteur. Il paya de sa vie ses invectives. Antoine inscrivit son nom en tête de la liste des proscriptions. On apporta à Antoine la tête et la main de Cicéron, et Fulvie, prenant une épingle de sa chevelure, en perça la langue qui l'avait livrée avec son mari au mépris public.

O fortunatam natam me consule Romam!
Antoni gladios potuit contemnere, si sic
Omnia dixisset : ridenda poemata malo,
Quam te, conspicuæ divina Philippica famæ,
Volveris a prima quæ proxima.

(Juv. X.)

III

Les discours prononcés par Cicéron après le meurtre de César sur les affaires publiques sont connus sous le nom de Philippiques. Cette désignation est ancienne. Aulu-Gelle, il est vrai, paraît l'ignorer, et n'emploie que le nom de « Discours contre Antoine : *Antonianæ orationes*. » Mais on trouve le nom de *Philippiques* dans Juvénal (Sat. X). Cicéron lui-même s'est servi de ce mot dans une lettre du 13 avril 711, adressée à Brutus (*ad Brut.*, II, 4, 2). Une autre lettre qu'il lui écrivit vers la même époque (*ad Brut.*, II, 5, 4) nous apprend que ce fut Brutus qui, comparant le patriotique effort que faisait Cicéron contre Antoine à la lutte jadis engagée par Démosthène contre Philippe, nomma ses discours du nom de Philippiques.

Nous possédons quatorze Philippiques, mais il paraît bien qu'il en a prononcé un plus grand nombre. La guerre de Modène prit fin : Antoine s'unit avec Lépidus, et bientôt Octave abandonna le parti aristocratique pour se joindre à eux. Octave prit le consulat. Le triumvirat fut constitué, les proscriptions commencèrent : Cicéron fut tué le 7 décembre. Dans les derniers mois de sa vie il dut encore élever la voix. Peut-être n'eut-il pas le temps de publier ses derniers discours. Cependant Nonius cite deux passages qui ne se trouvent dans aucun des quatorze discours que nous avons, et qu'il attribue à une seizième Philippique.

IV

Le rapprochement que suggère nécessairement le nom de Philippiques entre les discours de Cicéron contre Antoine et les harangues de Démosthène contre Philippe, n'est point arbitraire. Que l'ennemi soit au dedans ou au dehors, c'est de la liberté de la patrie qu'il s'agit. La même inspiration, la même passion animent les deux orateurs. De plus les Philippiques de Cicéron, comme celles de Démosthène, sont des discours d'affaires. La préoccupation littéraire en est absente. L'éloquence n'est pas cherchée, elle arrive quand elle peut : elle ne se rencontre au reste que plus souvent pour être moins poursuivie. L'intérêt politique domine tout. Cicéron parle en homme d'Etat. L'incapacité politique, le manque de vues et de prévoyance des meurtriers de César l'ont poussé au premier rang, et ont fait de lui le chef du parti républicain. Pendant plus d'une année, depuis le 17 mars 710 jusqu'au 23 avril 711, ce fut Cicéron qui inspira toutes les résolutions du sénat, qui dicta tous ses décrets, qui décida tous ses actes. La direction du parti lui appartint, et, quoi qu'on ait dit, il en était digne. Si la liberté de Rome eût pu être sauvée, elle l'eût été alors par lui. Les Philippiques en sont la preuve : elles nous montrent la grandeur de son effort : et elles sont dignes d'un véritable homme d'Etat. Ces irrésolutions et ces incertitudes qu'on lui reproche tant, ont cessé. Il a un plan, une ligne de conduite bien déterminée et dont il ne s'écarte pas. Il faut d'abord écraser Antoine : c'est l'ennemi le plus redoutable du moment. C'est là que tendent tous les actes, toutes les paroles de Cicéron : il ne se soucie plus autant de bien dire, le style des Philippiques porte des traces de précipitation et de négligence ; mais jamais il n'a parlé un langage plus ferme, plus net, plus décisif ; il va à son but, et l'effet de chaque discours se traduit par un décret du sénat, qu'il emporte et entraîne.

« Mais Antoine n'était pas redoutable : ce n'était qu'un soldat brutal et grossier, il n'avait rien d'un chef d'Etat. C'était Octave qu'il fallait craindre. » Les faits l'ont prouvé en effet ; mais qui eût pu le prévoir, alors qu'Antoine était maître de Rome, entouré des vétérans de César et maître de ses trésors, alors qu'Octave seul et sans amis ne pouvait même obtenir une part de l'héritage de son père adoptif? L'ennemi qu'il fallait combattre alors, c'était Antoine. Il fallait avant tout soustraire Rome à sa tyrannie.

Certains apologistes de la force, qui ne comprennent pas qu'on donne sa vie à une cause perdue, ont reproché à Cicéron cet effort même qu'il a fait pour sauver la liberté de Rome. Démosthène pouvait espérer d'écarter d'Athènes le joug macédonien ; mais après César il n'était plus permis à un Romain sensé de se faire illusion. Aussi Cicéron ne se faisait-il pas illusion. Il ne s'abusait pas sur l'impossibilité de rétablir la République : ses lettres montrent ses craintes et sa prévoyance. Mais il a voulu défendre une cause vaincue, la sachant vaincue, parce que c'était la cause des lois et de la justice. Il a montré dans ses Philippiques une assurance et un espoir qu'il ne ressentait point dans le cœur; c'est qu'il était chef d'un parti, et qu'il ne devait point montrer aux siens ses désillusions et sa certitude d'une défaite finale; mais il devait entretenir toujours en eux la confiance, et feindre les espérances qu'il n'avait pas. Parlant en public, il s'abandonnait aux plus rassurantes illusions, et réservait pour Atticus la confidence de ses craintes et le secret de son découragement.

V

On donne en français le nom de *philippique* à une déclamation virulente, à une invective furieuse, qui s'attaque à toute la personne de l'adversaire, et ne ménage rien en lui de ce que toute opposition politique doit respecter. La satire personnelle dans sa forme la plus âcre et la plus violente prend le nom de philippique. C'est de ce titre que La Grange-Chancel a désigné ses attaques contre le Régent.

En ce sens, treize des Philippiques ne sont pas des philippiques. Ce sont, je l'ai dit, des discours d'affaires, les discours d'un homme d'Etat, combattant, proposant ou soutenant des projets de décrets dans une assemblée politique. Un seul discours fait exception, et doit être mis à part : le second, qui est bien une philippique au sens actuel du mot.

La seconde Philippique n'a point d'objet particulier, n'appuie ni ne combat aucun décret. C'est une apologie générale de l'auteur, et surtout une attaque générale contre Antoine. Le seul but que se propose l'auteur est de montrer que ce qu'il y a au monde de plus grossier, de plus brutal, de plus scélérat, de plus méprisable, de plus infâme, c'est Antoine. A proprement parler, ce n'est point une harangue politique. C'est une longue invective contre Antoine, où il est pris à partie, et attaqué depuis son enfance, où, dans tous ses actes, dans toutes ses paroles, quelque motif de mépris et de dégoût est découvert, où sa vie privée n'est pas plus ménagée que sa vie publique. Dans les autres discours, les attaques contre Antoine sont des arguments pour ou contre une proposition soumise au vote du sénat ; elles ne sont qu'un moyen employé par l'orateur pour atteindre son but. Dans celui-ci elles sont la fin même et le but de l'orateur. Diffamer son ennemi est tout ce qu'il se propose. Ce n'est pas un discours politique qu'il a fait, c'est un pamphlet.

VI

La seconde Philippique diffère donc des autres par son objet. Elle en diffère aussi par l'étendue : elle est de beaucoup la plus longue. Elle en diffère par la forme : le style en est bien plus soigné. Enfin, et c'est là la raison de toutes ces différences, la seconde Philippique n'a pas été prononcée.

A s'en rapporter aux paroles mêmes de l'orateur, cette Philippique serait une réponse improvisée aux accusations d'Antoine dans la séance du 19 septembre 710. Mais Cicéron, je l'ai dit, n'assistait pas à cette séance. Quand il connut les invectives d'Antoine, ne voulant point les laisser sans réponse, il prit un cadre qui s'offrait naturellement à lui : il supposa que sa réplique était faite sur-le-champ, le même jour, dans la même séance. Toutes ces circonstances de lieu et de temps sont de pure invention.

Il écrivit son discours à loisir, pour être lu à loisir par le public. Cela explique qu'il put lui donner tout le développement qu'il voulut. Il n'aurait pu, malgré tout son talent, prononcer une aussi longue harangue sans lasser l'attention des auditeurs les plus bienveillants. Il put aussi donner tout son soin au style qui, dans les autres Philippiques, porte des traces d'improvisation. Nulle part il n'a parlé une langue plus claire. plus nette, plus vive, plus colorée, plus incisive. Nulle part il n'a montré plus de verve, plus d'esprit, plus de vigueur, plus d'énergie, plus de véhémence. Nulle part il n'a uni plus de simplicité à plus d'éloquence. Jamais non plus son patriotisme n'a trouvé une expression plus noble et plus haute. Une étude littéraire sur la seconde Philippique m'entraînerait trop loin. Il faut seulement noter quelques points. Cicéron y a fait un grand emploi de l'ironie : c'est une ironie forte, amère, sarcastique, brûlante, qui emporte la pièce. Chaque trait marque Antoine, et la flétrissure est imprimée à ne s'effacer jamais : Cicéron est un des maîtres de l'ironie. Il se montre aussi un grand peintre dans ce pamphlet. On ne peut rêver un tableau plus vivant. plus pittoresque que celui d'Antoine campant chez Pompée et chez Varron avec sa troupe de joueurs, de mimes, de femmes. Cette bande de pillards affamés et surtout altérés, s'abattant sur les biens de Pompée et de Varron, s'y vautrant dans l'orgie et le désordre, — la vente des biens de Pompée, — les courses d'Antoine et de Cythéris à travers l'Italie, où la mère d'Antoine est reléguée à la fin du cortège, après toute la canaille. — le retour d'Antoine auprès de Fulvie sous un déguisement, — l'offre de la couronne à César le jour des Lupercales : — autant de scènes fortement peintes, dignes de Juvénal et de Tacite.

La seconde Philippique est au premier rang parmi les œuvres de Cicéron. C'est en somme l'un des plus admirables pamphlets qui aient été écrits. Juvénal l'admirait :

... Conspicuæ divina Philippica famæ,
Volveris a prima quæ proxima.

Cicéron l'écrivit dans les trois derniers mois de l'année 710. Il est probable qu'il la publia après avoir prononcé la troisième et la quatrième Philippiques, dans les derniers jours de décembre 710, ou dans les premiers jours de janvier 711.

VII

On admire beaucoup l'éloquence de la seconde Philippique, mais on n'est pas moins surpris de la violence des attaques qu'elle renferme. Nous ne comprenons guère aujourd'hui que l'invective puisse être poussée aussi loin. Cicéron dit quelque part dans ce pamphlet qu'Antoine a dans ses infamies un avantage, c'est qu'elles ne peuvent être retracées par une plume honnête. Mais en vérité nous ne concevons guère ce que peut être ce qu'il n'ose pas dire, après ce qu'il a dit.

Pour s'expliquer l'âpreté extrême de ces attaques, il faut se rappeler le rôle que jouait l'invective dans l'éloquence antique. Les anciens n'avaient pas fait la distinction entre la vie publique et la vie privée que nous avons établie aujourd'hui. Dans tout débat, politique ou judiciaire, l'homme tout entier, sa vie aussi bien que ses paroles et ses opinions, appartenait à son adversaire. Qu'on se rappelle le discours de Démosthène pour Ctésiphon, et la peinture qu'il fait de l'enfance et de la jeunesse d'Eschine. Ce fut vraisemblablement un modèle que Cicéron eut sous les yeux en écrivant sa seconde Philippique. Les orateurs romains, comme les orateurs grecs, avaient la coutume de s'attaquer à la personne même de leur adversaire, sans aucune réserve ni aucun ménagement. Ils détournaient les juges de le croire en diffamant sa vie autant qu'en détruisant ses arguments. Cicéron s'entendait à merveille à cette partie de l'art oratoire, comme à toutes les autres. Dans le plaidoyer qu'il prononça pour Cœlius, il fit de la vie de la fameuse Clodia un tableau qui est digne d'être rapproché de la seconde Philippique.

L'invective, ou l'*indignation*, avait sa place dans la théorie des anciens : c'était une partie essentielle du discours, au même titre que la narration ou la confirmation. « Il importe beaucoup pour le succès de l'orateur qu'il fasse aimer son caractère, ses principes, sa conduite et sa vie, et ceux de son client, et qu'il fasse détester ceux de ses adversaires. » (*De Orat.*, II, 43.) Il faut exciter contre les adversaires l'indignation des juges *acri et vehementi quadam incitatione.* Il faut ne pas se borner aux faits de la cause, mais attaquer en général *mores*, *instituta*, *facta*, *vitam adversariorum.* Cicéron, dans les chapitres LI-LIII du second livre de l'*Orateur*, donne en quelques préceptes un résumé de l'art de la diffamation à l'usage de l'avocat romain.

L'invective et même l'injure personnelle étaient donc passées en habitude chez les orateurs de la Grèce et de Rome. On comprend alors comment Cicéron a pu écrire, et le public accepter les virulentes attaques de la seconde Philippique. Il faut seulement remarquer que l'invective, qui ordinairement n'était qu'une partie du discours, est devenue ici tout le discours.

VIII

La seconde Philippique étant un pamphlet, on ne peut s'attendre à l'impartialité de l'auteur, et l'on peut avoir des doutes sur la justice de ses reproches et la vérité de ses attaques. Mais quand on rapproche du texte de Cicéron celui de Plutarque, et les témoignages épars dans Suétone, Pline et Macrobe, on reconnaît que Cicéron n'a point trop chargé son récit, et que la peinture qu'il nous fait des actes d'Antoine n'est point infidèle. L'idée qu'il nous donne de ce soldat brutal et ivrogne est vraie dans l'ensemble. Shakespeare, qui s'inspirait de Plutarque, n'a point vu le caractère d'Antoine autrement que le peint Cicéron, et la comparaison serait curieuse entre le pamphlet de l'orateur romain et le drame du poète anglais.

Si l'on entre dans le détail, on trouve cependant que la passion a emporté quelquefois Cicéron hors de la vérité. Il y a des reproches injustes, celui de lâcheté : la bravoure d'Antoine est hors de doute. Le dessein prêté à Antoine d'avoir voulu assassiner César est bien invraisemblable. Enfin l'accusation si souvent répétée de sottise et de stupidité porte à faux : Antoine, malgré ses habitudes brutales ou grossières, était un des hommes les plus intelligents de ce temps. Il n'était pas sans éloquence, et ces exercices mêmes de déclamation dont Cicéron se moque, prouvent au moins son goût pour l'art oratoire, et montrent en lui une inclination relevée parmi tant d'autres basses ou grossières.

La plus grande infidélité du récit de Cicéron n'est pas dans les faits qu'il impute à Antoine. Elle n'est pas dans ce qu'il dit, mais dans ce qu'il ne dit pas et ce que du reste il ne pouvait dire. Il ne dit pas que ces vices qu'il reproche à Antoine ne lui sont pas particuliers : ce sont ceux de la *jeunesse dorée* d'alors. Ce qui nous paraît monstrueux aujourd'hui, et que nous avons peine parfois à concevoir, ce luxe et ces désordres effrénés n'étaient point en ce temps une exception. Il ne faut point excuser Antoine ni lever la condamnation que la morale fait peser sur lui; mais il faut bien se représenter qu'il ne valait ni plus ni moins que ses contemporains. Jamais la corruption des mœurs ne fut plus grande qu'à l'époque de César et de Cicéron. L'empire n'offre pas un tableau plus repoussant que la fin de la République. Il y eut une réforme sous Auguste, et les mœurs à l'époque impériale furent meilleures qu'elles n'avaient été du temps de César.

Cette fureur de jeu et de désordre, ces orgies, tout ce *débraillé* d'une existence sans règle, ne se voient pas seulement chez Antoine, mais se retrouvent dans une bonne partie de l'aristocratie romaine. Salluste nous fait une peinture des mœurs d'alors. La vie romaine est une bacchanale. Ce qui caractérise la corruption du temps, c'est une sorte de rage, une frénésie, une fièvre étrange : les têtes ont tourné, il semble que le Romain ne soit pas fait aux richesses qu'il a conquises ; lancé à travers les trésors du monde, il ne dépense pas, il saccage : il est affolé par cet or, cet argent qui l'assiègent de toutes parts. Il se jette à corps perdu dans tous les excès. Un tourbillon de folie et d'orgie l'emporte, sans qu'il puisse rentrer en soi un seul instant. Ses richesses encore nouvelles le tiennent, le possèdent, l'entraînent : son luxe effréné est comme une lutte qu'il engage avec l'argent ; il semble qu'il ait au moins conservé le mépris de ses aïeux pour l'argent : il ne le respecte pas, il le traite insolemment ; il le jette à tous les vents avec une fureur méprisante : *pecunias ludibrio habebant*. Il joue avec l'argent : il ne s'en sert pas. Cette corruption qui prend une sorte de grandeur dans son énormité même, la seconde Philippique nous la montre aussi puissamment que le drame anglais résumée dans Antoine. Le trait particulier d'Antoine dans Cicéron est seulement que sa richesse n'est pas à lui, qu'il vit de confiscations et de rapines, que le débauché est doublé d'un voleur, l'orgie de mise à sac, et le plaisir de destruction : Antoine ne demeure pas, il campe dans ces palais qu'il a volés. Cicéron s'indigne contre Antoine : il a raison ; mais parmi ses amis même beaucoup, pour lesquels il n'avait qu'éloges et compliments, ne valaient pas mieux. Cœlius[1] « civis bonarum artium, bonarum partium », fréquentait Clodia, fut l'ami de Catilina, l'agent de César, prodigue, débauché, couvert de dettes, sans scrupules. Les meurtriers de César n'étaient pas irréprochables de tout point. C. Cassius pilla l'Asie ; M. Brutus ne paraît point à son honneur dans les affaires d'argent qu'il eut avec les villes de Crète et Ariobarzane, roi de Cappadoce ; Cimber était un ivrogne aussi déterminé qu'Antoine ; Dolabella, que Cicéron prit pour gendre, était appelé par lui plus tard *caput spurcissimum*, et rangé à côté d'Antoine, qui valait au reste encore mieux que lui. Que l'on regarde les personnages les plus considérables de cette époque, et l'on verra presque toujours la corruption la plus complète unie à l'esprit et au talent. César, le plus grand homme du temps, le plus éclairé, le plus intelligent, en est aussi le plus corrompu[2].

La dépravation était si complète qu'elle forçait les plus honnêtes gens de composer avec elle. Cicéron, plein de mépris pour la comédienne Cythéris en 711, a soupé avec elle chez Volumnius quelques années plus tôt. Il en est bien un peu honteux : lui, Cicéron, qui a sauvé la patrie, souper avec une telle femme ! Enfin il s'en console en se rappelant Aristippe et Laïs, et en se disant qu'il est avec la sagesse des accommodements. Le même Cicéron plaida pour un certain Gallius accusé de brigue en 690 : son plaidoyer est perdu ; mais parmi les fragments qui restent, il en est un admirable, plein de couleur et de vie, où il raconte une

1. Cf. Boissier, *Cicéron et ses amis*. — Pro Cœlio. Voir la peinture que fait Cicéron de l'entourage de Clodia, où vécut son client Cœlius.
2. Cf. Epigrammes de Catulle.

visite qu'il a faite chez son client. Quelques mots lui suffisent, le tableau est achevé.

« Quels cris ! les quolibets des femmes se mêlaient au concert des voix. Les gens entraient, sortaient, les uns chancelant d'ivresse, les autres bâillant de l'orgie de la veille. Au milieu Gallius, parfumé, une couronne sur la tête. Le sol était immonde, tout humide de vin, tout couvert de couronnes flétries et d'arêtes de poisson[1]. »

Quelle différence Cicéron pouvait-il mettre entre son client Gallius et son ennemi Antoine?

Il faut donc se mettre en garde contre l'impression produite par la seconde Philippique, et ne point regarder Antoine comme un monstre : la plupart des sénateurs devant qui Cicéron se suppose parlant, lui sont semblables par la cupidité, l'ambition, la prodigalité et la débauche. Cet Antoine de la seconde Philippique est un type : il résume son siècle : ce discours est un des documents les plus intéressants qu'on ait sur les mœurs romaines de cette époque : elles s'y trouvent dépeintes avec une fidélité et une vigueur admirables. Encore une fois, la corruption que peint Cicéron n'est pas celle d'un homme, c'est celle du temps. Et ce n'en est pas le moindre signe qu'un Cicéron ait pu pendant si longtemps se dire l'ami d'un Antoine, et ne l'ait pris en haine et en dégoût que par des raisons politiques.

1. Ut clamor, ut convicium mulierum, ut symphoniæ cantus! videbar mihi videre alios intrantes, alios exeuntes, partim vino titubantes, partim hesterna potatione oscitantes. Versabatur inter hos Gallius, unguentis oblitus, redimitus corona. Humus erat immunda, lutulenta vino, coronis languidulis et spinis cooperta piscium.

IX

Cicéron, à la fin de la seconde Philippique[1], fait un éloge de César où, malgré les restrictions que lui impose la situation, il rend justice à l'étendue de son génie. Sans éprouver jamais pour lui une vive sympathie, et presque malgré lui, il admirait cette intelligence extraordinaire. César, de son côté, le ménageait et le flattait. Ils faisaient échange de compliments. César dédiait à Cicéron son traité *de l'Analogie*, et lui attribuait l'honneur d'avoir introduit dans l'éloquence romaine ce qu'il appelle *copia*. Cicéron ne demeurait pas en reste et faisait dans son *Brutus*[2] un très vif éloge du talent oratoire de César. Plaidant pour Rabirius, il portait César aux nues[3]. Il se faisait au sénat le promoteur de décrets très honorifiques pour César et son armée[4]. De son côté César protestait de son amour très vif pour tous les Cicérons et leur écrivait des lettres charmantes[5]. Leur correspondance était toute pleine de cordialité et de caresses.

Quand la guerre civile éclata, César essaya par les lettres les plus affectueuses de l'empêcher de se rendre au camp de Pompée. Après Pharsale, il le traita fort bien et commença par lui l'exercice de la clémence. Bientôt même Cicéron se crut assuré de la bienveillance de César[6]. Il parut même avoir du crédit auprès de lui, et intercéda à diverses reprises en faveur des Pompéiens proscrits. Il défendit le roi Dejotarus[7] et essaya d'obtenir le rappel de Ligarius[8], comblant César d'éloges

1. 45, 116. — 2. Brutus, LXXI, 248, 59. — 3. 15, 42. — 4. Pro Balbo, 27, 61. — 5. Ad Q. fr., III, 1, 3, 9, 5, 17; III, 5, 3; ad Att., IV, 18, 3. — 6. Ad Fam., IV, 13, 2; VI, 10, 2. — 7. Pro rege Dejotaro. — 8. Pro Ligario.

pour tâcher de l'amener à ce qu'il désirait. Il fut plus heureux pour Marcellus, qui fut gracié, et adressa un remerciement public à César [1] qui contenait autant de leçons que de louanges. César loua le *Caton* de Cicéron, même en voulant le réfuter, et Cicéron eut la galanterie de complimenter César sur son *Anticaton* [2].

Cependant ces deux hommes au fond ne s'étaient jamais aimés. La politique les séparait trop profondément. Après Pharsale, les inquiétudes de Cicéron désormais réalisées se tournèrent en une haine cachée. César l'avait deviné. « Serais-je assez sot, disait César, un jour que Cicéron avait attendu longtemps dans son antichambre pour avoir une audience, serais-je assez sot pour croire à l'amitié d'un homme aussi complaisant, qui fait si longtemps antichambre pour attendre mon bon plaisir [3]? S'il y a un homme de bonne composition, c'est bien lui, et cependant je ne doute pas de sa haine [4]. »

Le meurtre de César, en effet, transporta Cicéron de joie. L'assassinat politique n'était pas regardé par les anciens comme un crime. Il élève au ciel les meurtriers de César dans la seconde Philippique [5]. Ce n'est point un langage politique ni de circonstance : il n'a jamais parlé autrement. Dans ses lettres, il revient toujours avec joie à la pensée des ides de Mars. Les ides de Mars le rendent heureux [6]. Brutus et Cassius sont ses héros, ses demi-dieux [7], ses dieux même [8]. Jusque dans ses traités philosophiques, il affirme la justice du meurtre du tyran [9]. De toutes les belles actions,

1. Pro Marcello. — 2. Ad Att., XIII, 50, 2.
3. Ego nunc tam sim stultus, ut hunc ipsum facilem hominem putem mihi esse amicum, cum tamdiu sedens meum commodum exspectet ? (Ad Att., XIV, 2, 3.)
4. Atqui si quisquam est facilis hic est ; tamen non dubito quin me male oderit. (*Ibid.*, 1, 2.)
5. XI, 25, 59. — 6. Ad Att., XIV, 6, 1. — 7. *Ibid.*, 4, 2.
8. *Ibid.*, II, 1; XV, 12, 2. Cf. Ad Fam., IX, 14, 5; XII, 1, 2-3, 1-8, 1-10, 4.
9. De Off., III, 4, 19.

c'est la plus belle. Ce qui l'affligeait, c'était l'inutilité de cette belle action. Antoine succédait à César. Les conjurés avaient plus de courage que d'habileté : *acta enim illa res est animo virili, consilio puerili*[1]. Leurs indécisions, leurs lenteurs, leur manque de vues politiques, rendirent inutile la mort de César; ils ne surent que le tuer, et non le remplacer. C'était là ce qui impatientait Cicéron. C'est là ce qui le porta à se mettre en avant. Sans cesser de louer les meurtriers, il se substitua à eux dans la poursuite des résultats que devait avoir ce meurtre pour la liberté publique.

Il se défend dans la seconde Philippique d'avoir été le complice de Brutus et de Cassius[2]. Antoine le lui reprochait pour le rendre odieux aux vétérans de César[3], et les exciter à le débarrasser de lui. Il paraît, en effet, certain qu'il ignora le projet de Brutus. On le lui cacha, ne lui croyant pas assez de résolution pour frapper ce grand coup. On craignit ses timidités, ses hésitations. Un billet de Cicéron à Minucius Basilus, qui était dans la conspiration, est du 15 mars 710 : la question est de savoir s'il a été écrit avant ou après le meurtre.

« CICERO BASILO S.[4].

« Tibi gratulor, mihi gaudeo; te amo : tua tueor; a te amari, et quid agas quidque agatur certior fieri volo.»

Malgré le doute que peuvent suggérer les derniers mots, il paraît probable que César était mort quand ce billet fut écrit, et que Cicéron a dit vrai dans la seconde Philippique. Comment eût-il osé renier Brutus et Cassius, s'il avait été leur complice? Comment eût-il pu aussi publiquement outrager la vérité? Cette déclaration publique est trop nette pour être mise en doute.

1. Ad Att., XIV, 21, 35. — 2. XI, 25. — 3. Ad Fam., XII, 2. — 4. Ad Fam., VI, 15.

X

Dolabella, qui ne valait pas mieux qu'Antoine, son collègue, et que la onzième Philippique attaqua violemment [1], est fort ménagé dans la seconde. C'est que Cicéron espérait encore à ce moment l'attirer à la cause de la liberté, et en faire l'instrument du sénat contre Antoine. Le renversement de la colonne élevée à César l'avait rempli de joie. Il l'appelle alors *son Dolabella* [2]. C'est un acte *héroïque* [3] dont l'auteur est un *homme extraordinaire, un grand homme de bien* [4]. Il lui écrivit une très longue lettre de félicitations et d'encouragement [5]. Sa joie redoubla quand Dolabella fit une harangue très forte contre Antoine [6]. Au moment où il écrit la seconde Philippique, il n'avait pas encore perdu toute espérance, quoique Dolabella n'eût guère répondu à son attente et se fût réconcilié avec Antoine. Il le ménage, et tâche de semer la discorde entre les deux consuls, en rappelant à Dolabella la façon dont il avait été joué par Antoine [7].

Il avait déjà cependant trouvé pour le sénat et la république un nouveau défenseur, à ce qu'il croyait. C'était Octave. Au milieu d'avril Octave était arrivé à Naples, chez son beau-père Philippe [8]. Cicéron était dans le voisinage. Il lui fit visite : celui-ci l'accueillit avec réserve d'abord, et ne lui donna pas le nom de César [9]. Sa méfiance première [10] ne tint pas longtemps. Il se rassura, et tâcha de le faire servir à la cause de la

1. Phil. XI, 1, 1. — 2. Ad Att., XIV, 15, 1. — 3. *Ibid.*, 16, 2. — 4. *Ibid.*, XIV, 15, 1 ; XV, 13, 5. — 5. *Ibid.*, XIV, 17, A. — 6. *Ibid.*, 20, 4. — 7. Phil. II, 32, 79. — 8. Ad Att., XIV, 10, 3-11, 2. — 9. *Ibid.*, 12, 2. — 10. *Ibid.*, XV, 12, 2.

liberté et à la destruction de la tyrannie d'Antoine. Il se fit son conseiller et son auxiliaire. Le nom d'Octave n'est pas prononcé dans la seconde Philippique. Mais c'était pour lui qu'elle était écrite. Il y avait plusieurs mois que Cicéron était en rapport avec lui, et il soutenait de son éloquence les armes d'Octave. Il se flattait de lui avoir livré Antoine.

« Sic sum in Antonium invectus, ut ille non ferret omnemque suum vinolentum furorem in me unum effunderet meque tum elicere vellet ad cædis causam, tum tentaret insidiis : quem ego ructantem et nauseantem conjeci in Cæsaris Octaviani plagas[1]. »

Ce fut Cicéron et non Antoine qui fut pris au piège d'Octave. Les Philippiques ne furent utiles qu'à Octave.

XI

Cicéron, après avoir écrit la seconde Philippique, l'envoya à Atticus, qui approuva l'ouvrage et fit quelques observations. De là quelques corrections au texte primitif qui sont indiquées dans une lettre du 5 novembre de Cicéron à Atticus[2].

« Nostrum opus tibi probari lætor : ex quo ἄνθη ipsa posuisti, quæ mihi florentiora sunt visa tuo judicio. Cerulas enim tuas miniatulas illas extimescebam. De Sicca ita est, ut scribis. At st! ægre me tenui. Itaque perstringam sine ulla contumelia Siccæ aut Septimiæ : tantum ut sciant παῖδες παίδων sine † vallo Luciliano, eum ex Galli Fadii filia liberos habuisse. Atque utinam eum diem videam, cum ista oratio ita libere vagetur, ut etiam in Siccæ domum introeat! Sed illo tempore opus

1. Ad Fam., XII, 25, 45. — 2. Ad Att., XVI, 11.

est, † quod fuit illis triumviris. Moriar nisi facete! Tu vero Sexto leges ejusque judicium mihi perscribes. Εἷς ἐμοὶ μύριοι. Caleni interventum et Calvenæ cavebis. Quod vereris, ne ἀδόλεσχος mihi tu : quis minus? cui, ut Aristophani Archilochi iambus, sic epistola longissima quæque optima videtur. Quod me admones, tu vero etiamsi reprehenderes, non modo facile paterer, sed etiam lætarer : quippe cum in reprehensione est prudentia cum εὐμενείᾳ. Ita libenter ea corrigam quæ a te animadversa sunt. *Eodem jure, quo Rubriana* potius, quam *quo Scipionis ;* et de laudibus Dolabellæ deruam cumulum. Attamen est isto loco bella, ut mihi videtur, εἰρωνεία, quod cum ter contra cives in acie. Illud etiam malo : *indignissimum est hunc vivere*, quam *quid indignius?...* Anagnini sunt Mustela ταξιάρχης et Laco qui plurimum bibit. Librum quem rogas perpoliam et mittam. »

Il résulte de cette lettre :

1° Que le 5 novembre la seconde Philippique n'était pas publiée et que Cicéron ne savait quand il la publierait, mais qu'elle était achevée ;

2° Qu'il a effacé les noms de Sicca et de Septimia dont il avait d'abord parlé (*Phil.*, II, 2, 3) ;

3° Que le nom de Rubrius a été substitué à celui de Scipion (*Phil.*, II, 40, 103) ;

4° Qu'il faudrait corriger (*Phil.*, II, 34, 86) *quid indignius*, en *indignissimum est*, selon l'indication de Cicéron ;

5° Que le passage sur Dolabella (30, 75) choquait Atticus, mais il ne paraît pas avoir été atténué : l'ironie subsiste dans notre texte ;

6° Que Mustela et Laco n'étaient pas d'abord nommés (41, 106), et que Cicéron sentit le besoin d'éclaircir ce passage sur l'observation d'Atticus, qui ne comprit pas l'allusion.

XII

J'ai suivi dans cette édition le texte d'Orelli, revu par Halm (Zurich, 1856).

Les principales éditions des Philippiques sont :

L'éd. Wernsdorff, 2 v. in-8. Leipsig, 1821-22.

L'éd. Frotscher. Leipsig, 1833-35.

L'éd. Halm (1re et 2e Phil.), coll. Waldmann.

L'éd. King. 1 vol. in-8. Oxford, 1868.

L'éd. Koch (1re et 2e Phil.). Leipsig, 1870.

Les travaux principaux relatifs aux Philippiques sont :

Georgii Trapezuntii Commentarii in Phil. Cic., in-4. Venise, vers 1472.

Hieron. Ferrarii ad Paulum Manutium Emendationes in Philippicas Ciceronis, in-8. Venise, Alde, 1542.

Lælii Bisciolæ Disquisitiones quo tempore secunda Ciceronis Philippica in M. Antonium fuerit habita. Ingolstadt, 1611.

Bersmann. Scholia et annotationes in Cic. Orat. XIV. Philippicas, in-8. Servest, 1611.

Torq. Gallutii Orationes in Philippicas Ciceronis seu de Cic. obitu, t. I, in-12. Romæ, 1617.

Mureti in Cic. Philippicas Scholia (Mur. op., ed. Ruhken, II, 973-1000).

Wernsdorff. De Codicis Vaticani in Cic. orat. Phil. textu restituendo auctoritate, in-4. Vratislav. Numburgi, 1814.

Wernsdorff. Specimen novæ editionis Cic. Phil. adornandæ, in-8. Leipsig, 1816.

Mittermayer. Comm. sur la 2e Phil., in-4. 1843-45, Aschaf.

J'ai eu recours surtout, pour établir le commentaire, à l'édition anglaise des discours de Cicéron donnée par Long; aux Opuscula et à la Grammaire latine de Madvig, au Tursellinus de Hand, à la Clavis Ciceroniana d'Ernesti (6e édit., in-8, Halle, 1831); enfin à l'Onomasticon qui fait partie de l'édition d'Orelli (t. V-VIII).

J'ai pris à l'édition Wernsdorff quelques notes de Ferrari et d'Abram, à l'édition anglaise de Mayer des citations de Quintilien.

SOMMAIRE

Exorde : I. Pourquoi Antoine a-t-il attaqué Cicéron?

II. Sur un procès où Cicéron a pris parti contre Antoine. Sur l'élection de Cicéron au collège des augures.
III. Sur la reconnaissance que doit Cicéron à Antoine pour lui avoir laissé la vie à Brindes.
IV. Sur une lettre de Cicéron à Antoine, que celui-ci a lue dans le sénat.

Ire partie. — Réplique de Cicéron aux attaques d'Antoine.
V, VI. Sur le consulat de Cicéron incriminé par Antoine. Personnages considérables qui l'ont approuvé.
VII. Sur les chevaliers que Cicéron avait placés sur le *clivus Capitolinus* pendant que le sénat condamnait les complices de Catilina. Sur la sépulture qu'Antoine prétend avoir été refusée à Lentulus.
VIII. Inconséquences, impudence, et sottise d'Antoine dans ce qu'il a dit de l'affaire de Catilina. Ses violences. Gens armés dont il entoure le sénat.
IX. Sur la mort de P. Clodius dont Antoine accuse Cicéron.
X. Sur l'accusation adressée par Antoine à Cicéron d'être l'auteur de la rupture entre César et Pompée.
XI. Sur la part prise par Cicéron au meurtre de César.
XII. Inconséquence d'Antoine.
XIII. Eloge du meurtre et des meurtriers de César.
XIV. Service rendu à Antoine par les meurtriers.
XV. Conduite de Cicéron au camp de Pompée. Estime et affection de Pompée pour lui.
XVI. Les plaisanteries de Cicéron. Les héritages d'Antoine.
XVII. Sur l'éloquence d'Antoine et le rhéteur Sex. Clodius.

IIe partie.— Vie d'Antoine : Débauches et crimes.
XVIII. Corruption d'Antoine dès l'enfance. Son amitié avec Curion.
XIX. Liaison d'Antoine avec Clodius. Antoine en Égypte et en Gaule.
XX. Antoine veut tuer Clodius. Questure d'Antoine.
XXI. Tribunat d'Antoine. Son opposition au sénat. Sa fuite au camp de César.
XXII. Antoine cause de la guerre civile.
XXIII. Rappel des exilés, réhabilitation des condamnés. Voyage à travers l'Italie.
XXIV. Antoine et Cythéris. Antoine à Brindes. Il laisse la vie à Cicéron.

XXV. Antoine maître de la cavalerie. Cythéris. Les mimes Hippias et Sergius. Rapines et désordres d'Antoine. Son ivrognerie.

XXVI. Antoine acquéreur des biens de Pompée.

XXVII. La fortune de Pompée mise au pillage.

XXVIII. Antoine dans la maison de Pompée.

XXIX. Rupture d'Antoine et de César qui veut lui faire payer les biens de Pompée. Détresse d'Antoine. Il veut tuer César. Il ne le suit ni en Afrique ni en Espagne.

XXX. Dolabella en Espagne. Antoine à Narbonne. Il demande le consulat en Gaule, sous le costume gaulois.

XXXI. Son retour auprès de Fulvie, sous un déguisement.

XXXII. Antoine se réconcilie avec César qui lui donne le consulat Dolabella joué par César et Antoine.

XXXIII. Antoine empêche l'élection de Dolabella au consulat.

XXXIV. Antoine aux Lupercales offre le diadème à César.

XXXV. Peur d'Antoine après le meurtre de César.

XXXVI. Violences d'Antoine. Faux décrets attribués à César. Dilapidations, concussions.

XXXVII. Pillage de l'argent déposé par César dans le temple d'Ops. Rétablissement de Dejotarus dans son royaume.

XXXVIII. Décrets sur la Crète et les exilés. Antoine et son oncle Caïus.

XXXIX. Sur les actes de César et les faux d'Antoine. Antoine en Campanie. Largesses à d'indignes favoris.

XL. Les colonies de Capoue et de Casilinum. Antoine à Casinum dans la villa de Varron.

XLI. — La vie d'Antoine et celle de Varron. Antoine et les habitants de Casinum, d'Interamne, d'Aquinum et d'Anagnia.

XLII. Retour d'Antoine à Rome. Tyrannie et illégalités d'Antoine. Il viole les lois et le testament de César.

XLIII. Sur le culte de César.

XLIV. Sur les soldats dont Antoine entoure le sénat.

XLV, XLVI. Péroraison. Menaces adressées à Antoine. Comparaison d'Antoine et de César. Cicéron défendra la république jusqu'à la mort, qu'il ne craint pas.

M. TULLII CICERONIS

IN M. ANTONIUM ORATIO

PHILIPPICA SECUNDA

I. 1. Quonam meo fato, patres conscripti, fieri dicam ut nemo his annis viginti rei publicæ fuerit hostis, qui non bellum eodem tempore mihi quoque indixerit? Nec vero necesse est quemquam[1] a me nominari : vobiscum ipsi recordamini? Mihi pœnarum illi plus quam optarem dederunt[2] : te miror, Antoni, quorum facta imitere, eorum exitus non perhorrescere. Atque hoc in aliis minus mirabar. Nemo enim illorum inimicus mihi fuit voluntarius : omnes a me rei publicæ causa lacessiti[3]. Tu ne verbo quidem violatus, ut audacior quam Catilina, furiosior quam Clodius viderere, ultro[4] me maledictis lacessisti, tuamque a me alienationem commendationem tibi ad impios cives fore putavisti[5]. 2. Quid putem? contemptumne me?

1. Catilina, Clodius.

2. Catilina fut tué dans le combat qu'il livra à Pétréius, lieutenant du consul C. Antonius. Clodius fut tué sur la voie Appienne par les esclaves de Milon.

3. Inexactitude. Ce fut Clodius qui attaqua Cicéron, après que Cicéron eut déposé contre lui dans l'affaire des mystères de la Bonne Déesse.

4. Tu m'as provoqué. Cf. plus bas 20, 49. Juvénal, *Sat.*, XIII :

Tunc te sacra ad delubra vocantem
Præcedit, trahere ultro ac vexare paratus

5. C. Gracchus : *Abesse non potest quin ejusdem hominis sit probos improbare, qui improbos probet* (ap. Cic., *Orat.*, 235).

Non video nec in vita[1] nec in gratia[2] nec in rebus gestis nec in hac mea mediocritate ingenii quid despicere possit Antonius[3]. An in senatu facillime de me detrahi posse credidit? qui ordo clarissimis civibus bene gestæ rei publicæ testimonium multis, mihi uni conservatæ dedit. An decertare mecum voluit contentione dicendi? Hoc quidem est beneficium. Quid enim plenius, quid uberius[4] quam mihi et pro me et contra Antonium dicere? Illud[5] profecto : non existimavit sui similibus probari posse se esse hostem patriæ, nisi mihi esset inimicus. 3. Cui prius quam de ceteris rebus respondeo, de amicitia, quam a me violatam esse criminatus est, quod ego gravissimum crimen judico, pauca dicam.

II. Contra rem suam me nescio quando venisse questus est. An ego non venirem contra alienum pro familiari et necessario? non venirem contra gratiam non virtutis[6] spe, sed ætatis flore collectam? non venirem contra injuriam, quam iste intercessoris[7] iniquissimi beneficio obtinuit[8], non jure prætorio[9]? Sed

1. La vie privée.

2. L'influence politique, le crédit auprès du sénat et du peuple.

3. « Ce que trouve à mépriser *un Antoine*. » Il y a une intention dans ce renvoi du mot *Antonius* à la fin de la phrase. Il y a une antithèse entre le mot *despicere* et ce nom d'*Antonius*, qui signifie ce qu'il y a de plus méprisable, *impudicissimus*, *homo nequissimus* (28, 70). — Cf. Quint. XV, 1, 25 : «Verum eloquentiæ ut indecora jactatio, ita nonnunquam concedenda fiducia est. Nam quis reprehendat hæc ? *Quid putem?.... possit Antonius*. Et paulo post apertius : *An decertare.... Antonium dicere*. » (Mayer.)

4. Après ce mot Seyffert ajoute *cuiquam*. *Mihi*, à moi, Cicéron, qui ne suis pas le premier venu.

5. Suppléez *putavit* ou *voluit*.

6. « Les espérances données par le mérite. » Cf. Tac. *Ann.*, XV,53 : *Quartus decimus annus est, Cæsar, ex quo spei tuæ admotus sum.*

7. On ne sait rien sur cette affaire. Il paraît seulement que, dans cette cause, Antoine eut recours au *veto* d'un tribun pour prévenir un jugement défavorable à ses prétentions : ce qui était illégal (*iniquissimi*). Il paraît que Q. Fadius, beau-père d'Antoine, et un certain Sicca, affranchi, lié avec Cicéron, et sa femme Septimia étaient mêlés à cette affaire. Cicéron avait d'abord parlé de Sicca et de sa femme, puis il effaça leurs noms, par égard pour eux (Cf. *ad Att.*, XVI, 11, 1).

8. Cf. XLII, 109.

9. Le préteur (*juris civilis custos*, Cic., *de Leg.*, III, 3) publiait en entrant en charge un édit déclarant les principes qu'il suivrait pour rendre la justice. Cet édit, écrit sur un tableau de bois blanchi (*album*), était affiché au forum. Papinien : *Jus autem civile est quod ex legibus, plebiscitis, senatusconsultis, decretis principum, auctoritate prudentium venit. Jus prætorium est quod prætores introduxerunt, adjuvandi vel supplendi*

hoc idcirco commemoratum a te puto, uti te infimo ordini[1] commendares, cum omnes te recordarentur libertini generum et liberos tuos nepotes Q. Fadii[2], libertini[3] hominis, fuisse. At enim te in disciplinam meam tradideras — nam ita dixisti — : domum meam ventitaras[4]. Ne tu, si id fecisses, melius famæ, melius pudicitiæ tuæ consuluisses. Sed neque fecisti nec, si cuperes, tibi id per C. Curionem[5] facere licuisset. 4. Auguratus[6] petitionem mihi te concessisse dixisti. O incredibilem audaciam! o impudentiam prædicandam! Quo enim tempore me augurem a toto collegio expetitum Cn. Pompeius et Q. Hortensius nominaverunt — nec enim licebat a pluribus nominari[7] — tu nec

vel colligendi juris civilis gratia, propter utilitatem publicam, quod et honorarium dicitur ad honorem prætorum sic nominatum. Marcien : *(Jus prætorum) viva vox est juris civilis* (Ed. Wernsdorff).

1. Les affranchis.

2. Cf. *ad Att.*, XVI, 11, 1. Il est appelé C. Fadius ou Gallus Fadius. — Il est question (*ad Fam.*, IX, 25, 2) d'un Q. Fadius, qui dispute une propriété à son frère, M. Fadius, ami de Cicéron; — et (*ad Fam.* II, 17, 55) d'un Q. Fadius possesseur d'une fortune considérable qu'il légua à P. Sextilius Rufus par fidéicommis, pour la faire passer à sa fille. Sextilius avait argué de la loi Voconia *de mulierum hæreditatibus* pour garder l'héritage. — Cette Fadia est la première femme d'Antoine, qui épousa ensuite Antonia, sa cousine germaine, fille de C. Antonius, collègue de Cicéron dans le consulat (il la répudia); — Fulvia, fille de M. Fulvius Bambalio; — Octavia, sœur d'Auguste, veuve de Marcellus, répudiée par Pompée, qu'il répudia pour Cléopâtre.

3. Affranchi. *Libertus* est le substantif, *libertinus* l'adjectif. Le sens de *fils d'affranchi* ne fut donné que sous l'empire au mot *libertinus*.

4. C'était l'habitude à Rome que les jeunes gens s'attachassent à quelque orateur en renom qu'ils suivaient partout. Cicéron fut mis par son père auprès de M. Pupius Piso; il prit à son tour auprès de lui Cœlius, Dolabella et d'autres jeunes gens. Cf. Tacite, *Dial. de Orat.*, 57. Pline le J., *Ep.*, II, 14, 5.

5. C. Scribonius Curio ; d'abord ennemi des triumvirs et défenseur de l'aristocratie et à ce titre fort loué par Cicéron. Corrompu et débauché, couvert de dettes, il se laissa gagner par César, et passa au parti démocratique. Tribun en 704 ; propréteur en Sicile, puis en Afrique où il fut tué (705). Cf. Vell., II, 48, 5.

6. En 701, Cicéron remplaça dans le collège des augures le jeune Crassus tué par les Parthes.

7. Lorsqu'il y avait une vacance, deux membres du collège des augures étaient chargés d'y pourvoir (*cooptatio*); mais leur choix devait être ratifié par le vote de dix-sept tribus tirées au sort parmi les trente-cinq. Cicéron fut nommé à l'unanimité par les dix-sept tribus. Cf. *de Lege agr.*, II : *Hoc idem de cæteris sacerdotiis Cn. Domitius, tribunus plebis, vir clarissimus, tulit, quia populus per religionem sacerdotia mandare non poterat, ut minor pars populi vocaretur, ab ea parte qui esset factus, is a collegio cooptaretur.* — Il y eut d'abord trois augures (de là se perpétua l'habitude de remettre à deux augures seulement le soin de pourvoir à chaque vacance), puis six, puis neuf, puis quinze.

solvendo eras[1] nec te ullo modo nisi eversa re publica fore incolumem[2] putabas. Poteras autem eo tempore auguratum petere, cum in Italia[3] C. Curio non esset? aut tum, cum es factus, unam tribum[4] sine Curione ferre potuisses? cujus etiam familiares de vi[5] condemnati sunt, quod tui nimis studiosi fuissent.

III. 5. At beneficio sum tuo usus[6]. Quo? quamquam illud ipsum, quod commemoras, semper præ me tuli. Malui me tibi debere confiteri quam cuiquam minus prudenti non satis gratus videri. Sed quo beneficio? Quod me Brundisii[7] non occideris? Quem ipse victor, qui tibi, ut tute gloriari solebas, detulerat ex latronibus[8] suis principatum, salvum esse voluisset, in Italiam ire jussisset, eum tu occideres? Fac potuisse[9]. Quod est aliud, patres conscripti, beneficium latronum nisi ut commemorare possint iis se dedisse vitam, quibus

1. Madvig, *Gram. lat.*, 415, obs. 1 : Nous devons noter spécialement *esse* avec le datif du gérondif, signifiant *être en condition de*, être capable de : *Tributo plebes liberata est, ut divites conferrent qui oneri ferendo essent.* (Liv. II, 9). *Experiunda res est, sit ne aliquis plebeius ferendo magno honori* (*Ibid.*, IV, 35). On ne pouvait nommer un homme insolvable aux magistratures ni aux dignités. Les candidats devaient fournir l'état de leurs biens et de leurs dettes. Antoine fut nommé augure en 704, grâce à César (Cf. *ad Att.*, IX, 9, 3).

2. Eviter la banqueroute. Cf. *Pro Sestio*, VIII, 18.

3. Curion était en Asie, sans doute en qualité de questeur.

4. Expression consacrée du langage politique. *Pro Sestio*, LIII, 144 : *Tribum suam non tulit.* Cf. *Pro Plancio*, XXII, 53; *Philipp.*, XI, 8, 18. On disait dans le sens contraire : *Perdere tribum* (*Pro Sestio, loc. cit.* — *In Vatin.*, XV, 46).

5. Lex Plotia Lutatia (675). Lex Pompeia (701). Lex Julia.

6. Cicéron écrivait à Antoine quelque temps avant : « *Nam cum te semper amavi, primum tuo studio, post etiam beneficio provocatus, tum his temporibus* respublica te mihi ita commendavit ut cariorem habeam neminem » (*ad Att.*, XIV, 13, B.).

7. En 706, quand César était à Dyrrachium, Antoine commandait à Brindes en qualité de propréteur. Il assista à Pharsale, puis revint à Brindes muni de pouvoirs très étendus sur toute l'Italie. César, pendant son séjour en Egypte, lui défendit d'admettre aucun Pompéien en Italie. Cicéron venait de rentrer. Antoine lui envoya la lettre de César, en le priant de lui pardonner d'exécuter les ordres qu'il recevait. Cicéron fit savoir à Antoine que César avait dit à Dolabella que Cicéron n'avait qu'à lui écrire pour obtenir l'autorisation de revenir en Italie. Antoine permit alors à Cicéron de rester à Brindes, et bientôt il l'autorisa à en sortir pour aller où il voudrait en Italie. Cf. *ad Att.*, XI, 7, 2. — Introd.

8. Le titre de *magister equitum.*

9. S.-ent. *te.* Cf. XXIV, 59. — *Ad Att.*, XIV, 16 : *Fac id potuisse aliquo modo.* — Sénèque : *Tunc in tenebris vixisse dices.*

non ademerint[1]? Quod si esset beneficium, numquam qui illum interfecerunt, a quo erant conservati, quos tu clarissimos viros soles appellare, tantam essent gloriam consecuti. Quale autem beneficium est, quod te abstinueris nefario scelere? Qua in re non tam jucundum mihi videri debuit non interfectum me a te quam miserum te id impune facere potuisse. 6. Sed sit beneficium, quando quidem majus accipi a latrone nullum potuit : in quo potes me dicere ingratum? An de interitu rei publicæ queri non debui, ne in te ingratus viderer? At in illa querela, misera quidem et luctuosa[2], sed mihi pro hoc gradu, in quo me senatus populusque Romanus collocavit necessaria, quid est dictum a me cum contumelia? quid non moderate? quid non amice? Quod quidem cujus temperantiæ fuit de M. Antonio querentem abstinere maledictis[3], præsertim cum tu reliquias rei publicæ dissipavisses, cum domi tuæ turpissimo mercatu omnia essent venalia[4], cum leges eas[5], quæ numquam promulgatæ essent, et de te[6] et a te[7] latas confiterere, cum auspicia augur[8],

1. Salvien, *De gub. Dei*, VIII : *Latrones quidem hoc proverbio uti solent, ut quibus non auferant vitam, iis se dedisse dicant.* — Cf. Sénèque, *De Benef.*, II, 12. Pline, *Hist. nat.*, XVI, 42 (Ed. Wernsdorff).

2. La première Philippique, où il attaque les actes d'Antoine sans se déclarer encore son ennemi irréconciliable.

3. *Pro Cœlio*, III, 6 : *Maledictio autem nihil habet propositi præter contumeliam : quæ si petulantius jactatur, convitium, si facetius, urbanitas nominatur.*

4. *Phil.*, V, 4, 11 : *Calebant in interiore ædium parte totius reipublicæ nundinæ : mulier sibi felicior quam viris auctionem provinciarum regnorumque faciebat.* — Cf. XXVI, 92 sqq.

5. Antoine établit des lois sans les afficher au préalable (*numquam promulgatæ*) : 1° rappels d'exilés, et réhabilitations de condamnés, *quasi lege sine lege;* 2° rétablissement du roi Dejotarus en Arménie ; 3° don du droit de cité aux Siciliens ; 4° partage de terres situées en Campanie, en Sicile, et des marais Pontins ; 5° prolongation des pouvoirs des *prætorii* et des consulaires gouverneurs de provinces. Les lois Cæcilia et Didia, Junia et Licinia prescrivaient d'afficher les propositions de lois aux trois jours de marché qui précédaient celui de la délibération.

6. *De Lege agr.*, II, 8, 21 : *Licinia est lex atque altera quæ non modo eum qui tulerit de aliqua curatione ac potestate, sed etiam collegas ejus, cognatos, affines, excipit, ne iis potestas curatiove mandetur.*

7. Par toi seul, comme décrets tirés des papiers de César, sans vote régulier du peuple.

8. *Phil.*, V, 3, 7 : *Hic omnem Italiam moderato homini L. Antonio* (tribun, frère de Marcus) *dividendam dedit. Quid? hanc legem po-*

intercessionem[1] consul sustulisses, cum esses fœdissime stipatus armatis, cum omnes impuritates impudica[2] in domo quotidie susciperes, vino lustrisque confectus. 7. At ego, tamquam mihi cum M. Crasso[3] contentio esset, quocum multæ et tam magnæ fuerunt, non cum uno[4] gladiatore nequissimo, de re publica graviter querens, de homine nihil dixi. Itaque hodie perficiam, ut intelligat quantum a me beneficium tum acceperit.

IV. At etiam litteras, quas me sibi misisse diceret, recitavit homo et humanitatis expers et vitæ communis ignarus. Quis enim umquam, qui[5] paullum modo bonorum consuetudinem nosset, litteras ad se ab amico missas offensione aliqua interposita in medium protulit palamque recitavit? Quid est aliud[6] tollere ex vita vitæ societatem, tollere amicorum colloquia absentium? Quam multa joca solent esse in epistolis, quæ prolata si sint, inepta videantur! quam multa seria, neque tamen ullo modo divulganda! 8. Sit hoc inhumanitatis tuæ : stultitiam incredibilem videte. Quid

pulus Romanus accepit? Quid? per auspicia ferri potuit? Sed augur verecundus sine collegis de auspiciis quamquam illa auspicia non egent interpretatione : Jove enim tonante, cum populo agi non esse fas quis ignorat ?

1. Le Forum avait été garni par Antoine de soldats, qui en défendaient l'entrée aux tribuns dont il redoutait l'opposition. — Cf. *Phil.*, V, 4, 9. — *Phil.*, I, 10, 25.

2. Des mss. ont *pudica* qui vaut mieux. Antoine est dans la maison de Pompée.

3. Le triumvir. Il essaya d'empêcher l'élection de Cicéron au consulat. Cicéron, qui en parle avec égard dans ses discours, le ménage peu dans ses lettres.

4. Un entre tous. Virgile :

> ...justissimus unus
> Qui fuit in Teucris.

Horace :

> Nil admirari prope res est una, Numici,
> Solaque quæ possit facere ac servare beatum.

5. Madvig, *Gr. lat*, 364, 2. Le conjonctif est employé dans les propositions relatives qui limitent quelque chose qui est établi en termes généraux pour une certaine classe déterminée, en particulier avec *qui quidem*, et *qui modo: Servus est nemo qui modo tolerabili conditione sit servitutis, qui non audaciam civium perhorrescat* (Cic., *In Cat.*, IV, 8). — *Ex oratoribus Atticis antiquissimi sunt, quorum quidem scripta constent, Pericles et Alcibiades* (Cic., *De Orat.*, II, 22). — Cf. VII, 16, où *qui* est employé seul dans le même sens restrictif avec le subjonctif.

6. Tournure fréquente dans Cicéron. Cf. *Phil.*, V, 2; X, 2. *In Pison.*, 20. *De Off.*, II, 23, 83 : *Quid est aliud aliis sua eripere, aliis dare aliena.* Le sens est le même que s'il y avait *Quid aliud est quam*.

habes quod mihi opponas, homo diserte, ut Tironi et Mustelæ[1] jam esse videris? qui cum hoc ipso tempore stent cum gladiis in conspectu senatus, ego quoque te disertum putabo, si ostenderis quo modo sis eos inter sicarios[2] defensurus. Sed quid opponas tandem, si negem me umquam ad te istas litteras misisse? quo me teste convincas? An chirographo? in quo habes scientiam[3] quæstuosam. Qui possis? Sunt enim librarii manu. Jam invideo magistro tuo[4], qui te tanta mercede, quantam jam proferam, nihil sapere doceat. 9. Quid enim est minus non dico oratoris, sed hominis, quam id objicere adversario, quod ille si verbo negarit, longius progredi non possit qui objecerit? At ego non nego, teque in isto ipso convinco non inhumanitatis solum, sed etiam amentiæ. Quod enim verbum in istis litteris est non plenum humanitatis, officii, benevolentiæ? Omne autem crimen tuum est, quod de te in his litteris non male existimem, quod scribam tamquam ad civem, tamquam ad bonum virum, non tamquam ad sceleratum et latronem. At ego tuas litteras, etsi jure poteram a te lacessitus, tamen non proferam : quibus petis ut tibi per me liceat quemdam[5] de exsilio reducere, adjurasque id te invito me non esse facturum, idque a me impetras. Quid enim me interponerem audaciæ tuæ, quam neque auctoritas hujus ordinis neque existimatio populi Romani neque leges ullæ possent coercere? 10. Verum tamen quid

1. Chefs des *bravi* d'Antoine. Il en sera question plus loin. Leurs noms reviennent souvent dans les Philippiques et les lettres de la même époque.

2. C'est-à-dire *in quæstione inter sicarios*, dans une accusation d'assassinat. On disait *inter sicarios deferre accusare, defendere.*— Cf. *Pro Rosc. Am.*, II, et 90. *Pro Cluent.*, 147. *De Inv.*, II, 60.

3. Cette accusation de faux est souvent adressée par Cicéron à Antoine. *Phil.*, II, 37, 38.— *Ad Att.*, XIV, 18, 1.

4. Le rhéteur Sex. Clodius. Cf. XVII, 43.

5. Sex. Clodius, client de la famille Claudia, chef des *bravi* de Clodius (qu'il ne faut pas confondre avec le rhéteur sicilien du même nom cité dans la note précédente), avait été condamné au bannissement après le meurtre de Clodius pour avoir ameuté le peuple autour du cadavre de son maître, qui avait été brûlé sur le Forum. Cf. Introd.

erat quod me rogares, si erat is, de quo rogabas, Cæsaris lege reductus? Sed videlicet meam gratiam voluit esse, in quo ne ipsius quidem ulla esse poterat lege lata.

V. Sed cum mihi, patres conscripti, et pro me aliquid et in M. Antonium multa dicenda sint, alterum peto a vobis, ut me pro me dicentem benigne, alterum ipse efficiam ut, contra illum cum dicam, attente audiatis. Simul illud oro : si meam cum in omni vita tum in dicendo moderationem modestiamque cognostis, ne me hodie, cum isti, ut provocavit, respondero, oblitum esse putetis mei. Non tractabo ut consulem : ne ille quidem me ut consularem. Etsi ille nullo modo consul, vel quod ita vivit vel quod ita rem publicam gerit vel quod ita factus est : ego sine ulla controversia consularis. **11**. Ut igitur intelligeretis qualem ipse se consulem profiteretur, objecit mihi consulatum meum[1]. Qui consulatus verbo meus, patres conscripti, re vester fuit. Quid enim ego constitui, quid gessi, quid egi nisi ex hujus ordinis consilio, auctoritate, sententia? Hæc tu homo sapiens, non solum eloquens, apud eos, quorum consilio sapientiaque gesta sunt, ausus es vituperare? Quis autem meum consulatum præter te Publiumque Clodium[2] qui vituperaret, inventus est? cujus quidem tibi fatum, sicuti C. Curioni, manet[3] : quoniam id domui tuæ est[4], quod fuit illorum utrique fatale.

1. Antoine, comme Clodius, reprochait à Cicéron d'avoir fait mettre à mort les complices de Catilina sans jugement du peuple : c'était une illégalité.

2. C'est le frère de la fameuse Clodia, l'ennemi perpétuel de Cicéron. Patricien, il passa dans la plèbe pour devenir tribun du peuple, 696. Agent de César et chef de la démagogie, il fit exiler Cicéron et s'opposa à son rappel. Il fut édile curule en 698. On lui opposa Milon : leurs bandes armées ensanglantèrent souvent le Forum. Clodius fut tué en 702 sur la voie Appienne par les esclaves de Milon, qui, accusé de meurtre, fut défendu par Cicéron et banni.

3. Avec le datif : être établi, être maintenu, subsister ; avec l'accusatif : être réservé, attendre.

Hæc eadem matrique tuæ generique manebunt.

(Virg., *Æn.*, IX, 301.)

Munera vobis
Certa manent, pueri.

(*Ibid.*, V, 348).

Claud. in Eutrop., II, 478:

... unaque cuncto
Pœna manet generi.

4. Fulvie, mariée à Clodius, puis

12. Non placet M. Antonio consulatus meus[1]. At placuit P. Servilio, ut eum primum nominem ex illius temporis consularibus, qui proxime[2] est mortuus : placuit Q. Catulo[3], cujus semper in hac re publica vivet auctoritas : placuit duobus Lucullis[4], M. Crasso[5], Q. Hortensio[6], C. Curioni[7], C. Pisoni[8], M. Glabrioni[9], M. Lepido[10], L. Volcatio[11], C. Figulo[12], D. Silano[13], L. Murenæ[14], qui tum erant consules designati : pla-

Curion, puis en 708 à Antoine, fille de M. Fulvius Bambalio, homme riche de Tusculum, *homo nullo numero*, dit Cicéron, et de plus bègue, d'où son surnom (Βαμβαλιών, de βαμβαίνω, balbutier).

1. Cicéron cite dans une de ses lettres les sénateurs qui, avant Caton, opinèrent pour la mort immédiate des complices de Catilina. Ce sont les mêmes dont il invoque ici l'approbation donnée à son consulat.

2. En 710. — P. Servilius Vatia Isauricus, consul en 675, censeur en 699, pontife, triompha en 689 après quatre ans de guerre en Cilicie.

3. Q. Lutatius Catulus, un des chefs de l'aristocratie. Consul en 676 avec Lepidus. Mort en 694. Il figure comme interlocuteur dans les *Academica priora*.

4. L. Licinius Lucullus Ponticus, édile en 675, consul en 680. Il épousa, en secondes noces Servilia, sœur de Caton, et tante de Brutus. Il fit la guerre contre Mithridate avec talent et succès. Homme de goût et érudit, il fit en grec une histoire de la guerre des Marses. Il réunit une bibliothèque considérable. Il était fort riche, très délicat, très fastueux. Il mourut en 697. C'est un interlocuteur des *Academica priora*. — Son frère, M. Terentius Varro Lucullus, édile en 675, préteur en 677, consul en 680. Il obtint le triomphe en 681 et 683 pour ses campagnes sur le Danube et en Macédoine. Il était pontife. C'était aussi un raffiné, qui étalait un luxe éclatant.

5. M. Licinius Crassus fut accusé d'être l'instigateur de la conspiration de Catilina. Consul en 684. Pontife. Il forma avec César et Pompée le premier triumvirat. Longtemps ennemi de Cicéron, il se réconcilia avec lui en 699. Il mourut en 700 dans sa campagne contre les Parthes.

6. C'est l'orateur, le rival de Cicéron. Né en 640, il plaida à dix-neuf ans. Edile en 679. Préteur en 682. Consul en 685. Il défendit Verrès, combattit la loi Manilia, défendit Murena avec Cicéron et Crassus, et eut Clodius pour ennemi. Il mourut en 704. Cf. *Brutus*, I, 1 ; LXXXVIII, 301-319. C'était un orateur de l'école asiatique. C'est un interlocuteur des *Academica priora*. Cicéron lui avait dédié un traité philosophique, ouvrage important, perdu aujourd'hui.

7. C. Scribonius Curio, père de celui dont il est souvent question dans ce discours. Tribun en 664. Consul en 678. Pontife. Proconsul de Macédoine. Il triomphe en 683 pour ses campagnes contre les Dardanes. Ami de Clodius, il était pourtant du parti aristocratique : orateur médiocre, de peu d'étude, sans mémoire, sans action, du reste honnête homme.

8. C. Calpurnius Piso, consul en 687. Proconsul de la Gaule Narbonnaise en 689, il fut accusé de concussion, défendu par Cicéron et absous.

9. Préteur en 684. Consul en 687. Pontife.

10. Mam. Æmilius Lepidus Livianus, consul en 677 et en 688. Il suivit Pompée en 705.

11. L. Volcatius Tullus, consul en 688. Homme modéré, il fut neutre dans la guerre civile et refusa de quitter l'Italie avec Pompée.

12. C. Marcius Figulus, consul en 690.

13. D. Junius Silanus, consul en 692. Beau-père de Brutus, dont il épousa la mère, Servilia.

14. L. Licinius Murena. Lieutenant de Lucullus, consul désigné en 691, et

cuit idem quod consularibus M. Catoni[1] : qui cum multa vita excedens providit, tum quod te consulem non vidit. Maxime vero consulatum meum Cn. Pompeius[2] probavit : qui ut me primum decedens[3] ex Syria vidit, complexus et gratulans meo beneficio patriam se visurum esse dixit. Sed quid singulos commemoro? Frequentissimo senatui sic placuit, ut esset nemo qui mihi non ut parenti gratias ageret, qui mihi non vitam suam, fortunas, liberos, rem publicam referret acceptam[4].

VI. 13. Sed quoniam illis, quos nominavi, tot et talibus viris res publica orbata est, veniamus ad vivos, qui duo de consularium numero reliqui sunt. L. Cotta[5], vir summo ingenio summaque prudentia, rebus iis gestis, quas tu reprehendis, supplicationem[6] decrevit verbis amplissimis[7], eique illi ipsi, quos modo nominavi, consulares senatusque cunctus adsensus est : qui

accusé de brigue par Caton, il fut défendu par Cicéron, Hortensius et Crassus. Consul en 692.

1. M. Porcius Cato Uticensis : arrière-petit-fils du vieux Caton. Tribun en 692. Préteur en 700. Il suivit Pompée, et après Pharsale se retira en Afrique : il se tua à Utique en 706. Cicéron, en l'admirant beaucoup, s'irrite souvent de la rigueur de ses principes, et le trouve maladroit et peu politique. — *Idem*, cf. plus bas, IX, 21.

2. Pompée, revenant d'Asie un an après le fameux consulat, le loua trop maigrement au gré de Cicéron, qui s'en plaignit. Plus tard, il en parla plus magnifiquement. — *De Off.*, I, 78 : « *Mihi quidem certe abundans bellicis laudibus, Cn. Pompeius multis audientibus hoc tribuit, ut diceret,* frustra se triumphum tertium deportaturum fuisse, nisi meo in rempublicam beneficio, ubi triumpharet, esset habiturus. »

3. *Decedere* s'applique proprement au magistrat qui quitte sa province à l'expiration de ses pouvoirs. Brut., I, 1 : *Cum e Cilicia decedens.* En 693, Pompée était devant Rome, attendant le triomphe pour ses campagnes d'Asie : c'est là qu'il vit Cicéron.

4. Terme de commerce et de banque. *Porter au compte de, donner un reçu ou une reconnaissance.* On dit aussi *in acceptum referre.* — Ad Att., I, 14, 3 : *Crassus surrexit ornatissimeque de meo consulatu locutus est, ut ita diceret, se quod esset senator, quod civis, quod liber, quod viveret, mihi acceptum referre : quotiens conjugem, quoties domum, quotiens patriam videret totiens se beneficium meum videre.*

5. L. Aurélius Cotta, préteur en 684. Consul en 689. Censeur.

6. In Cat. III, 10, 23 : *Ad omnia pulvinaria supplicatio decreta est.* — Solennelles actions de grâces, où l'on tirait les statues des dieux de leurs niches pour les mettre sur des coussins : on les priait à genoux. — *Supplicatio*, prière à genoux. — *Precatio*, prière faite debout, façon de prier ordinaire des Romains.

7. *Ibid.* : « Et his decreta verbis est : *Quod urbem incendiis, cæde cives, Italiam bello liberassem.* »

honos post conditam hanc urbem habitus est togato[1] ante me nemini. 14. L. Cæsar[2], avunculus tuus, qua oratione, qua constantia, qua gravitate sententiam dixit in sororis suæ virum, vitricum tuum! Hunc tu cum auctorem et præceptorem omnium consiliorum totiusque vitæ debuisses habere, vitrici te similem[3] quam avunculi maluisti! Hujus ego alienus consiliis consul tum usus sum : tu, sororis filius, ecquid ad eum umquam de re publica rettulisti? At ad quos refert? di immortales! ad eos scilicet, quorum nobis etiam dies natales audiendi sunt. 15. Hodie non descendit Antonius[4]. Cur? Dat natalitiam[5] in hortis[6]. Cui? Neminem nominabo. Putate tum Phormioni alicui, tum Gnathoni, tum etiam Ballioni[7]. O fœditatem hominis flagitiosam[8]! o impudentiam, nequitiam, libidinem non ferendam! Tu cum principem senatorem, civem singularem tam propinquum habeas, ad eum de re publica nihil referas : referas ad eos, qui suam rem nullam habent, tuam exhauriunt? Tuus videlicet salutaris consulatus, perniciosus meus.

1. Vêtu de la toge, habit de paix. *Cedant arma togæ*. Cf. *Pro Sulla*, XXX, 85.

2. L. Julius Cæsar, cousin du dictateur. Consul en 690. Il parla avec force contre les complices de Catilina, quoique sa sœur Julia, veuve de M. Antonius Creticus, et mère du triumvir, eût épousé P. Cornélius Lentulus Sura (questeur en 673, préteur, consul en 683, chassé du sénat en 685 par les censeurs, préteur de nouveau en 691, et mis à mort comme complice de Catilina). — Antoine avait donc L. Cæsar pour oncle, et Lentulus pour beau-père.

3. C'est la tournure la plus latine pour signifier *vouloir être*. — Cf. 19, *cupit se audacem*. — *De Orat.*, II, 246 : *se vult dicacem*. — *De Fin.*, V, 13 : *Strato physicum se voluit*. — *De opt. gen. orat.*, II : *qui se Atticos volunt*.

4. Ne vient pas au sénat, ne sort pas de chez lui.

5. S. ent. *cœnam*. Les Romains célébraient scrupuleusement l'anniversaire de leur naissance. Juvénal, X :

Sicci terga suis rara pendentia crate
Moris erat quondam festis servare diebus,
Et natalitium cognatis ponere lardum.

6. Les jardins de Pompée, sur le Tibre. — Ces jardins des riches Romains étaient de vastes parcs, ornés de portiques, de statues ; des pavillons même et des villas y étaient construits.

7. Phormion et Gnathon, parasites des comédies de Térence (*Phormion* et l'*Eunuque*). — Ballio, *leno* dans le *Pseudolus* de Plaute. Le rôle de Ballio était un des meilleurs rôles de Roscius.

8. Scandaleux. *Flagitium*, primitivement, *bruit*. Plaute : *Hæ fores fecere flagitium*. D'où : bruit, éclat causé par de mauvaises actions, scandale.

VII. Adeone pudorem cum pudicitia perdidisti, ut hoc in eo templo[1] dicere ausus sis, in quo ego senatum illum, qui quondam florens orbi terrarum præsidebat, consulebam, tu homines perditissimos cum gladiis collocavisti? 16. At etiam ausus es — quid autem est quod tu non audeas? — clivum Capitolinum dicere me consule plenum servorum[2] armatorum fuisse. Ut illa, credo, nefaria senatus consulta fierent, vim adferebam senatui. O miser, sive illa tibi nota non sunt — nihil enim boni nosti — sive sunt, qui apud tales viros tam impudenter loquare! Quis enim eques Romanus, quis præter te adolescens nobilis, quis ullius ordinis, qui se civem meminisset, cum senatus in hoc templo esset, in clivo Capitolino non fuit? quis nomen non dedit? quamquam nec scribæ sufficere nec tabulæ nomina illorum capere potuerunt. 17. Etenim cum homines nefarii de patriæ parricidio confiterentur, consciorum indiciis, sua manu, voce pæne litterarum coacti, se urbem inflammare, cives trucidare, vastare Italiam, delere rem publicam consensisse, quis esset qui ad salutem communem defendendam non excitaretur? præsertim cum senatus populusque Romanus haberet ducem, qualis si qui nunc esset, tibi idem, quod illis accidit, contigisset. Ad sepulturam corpus vitrici sui[3] negat a me datum. Hoc vero ne P. quidem Clodius dixit umquam : quem quia jure ei inimicus fui, doleo a te omnibus vitiis esse superatum. 18. Qui autem tibi venit in mentem redigere in memoriam

1. Le sénat n'avait pas de lieu de séances ordinaire. Il se réunissait tantôt dans un endroit, tantôt dans un autre, généralement dans un temple, qui s'appelait *curia*, quand le sénat y délibérait. Il s'agit ici du temple de la Concorde, à l'extrémité du Forum, voisin du *clivus Capitolinus*, par où on montait du forum au Capitole.

2. Il était interdit aux esclaves de porter les armes. L. Domitius, étant préteur en Sicile, fit mettre à mort un esclave pour avoir tué d'un coup d'épieu un sanglier (*In Verr.*, V, 3, 7). Antoine désigne de ce nom les chevaliers qui s'étaient réunis sous la conduite d'Atticus, à l'appel de Cicéron.

3. Plutarque (*Vie d'Antoine*) atteste la fausseté de cette accusation. Antoine prétendait que sa mère aurait dû aller supplier la femme de Cicéron.

nostram te domi P. Lentuli esse educatum? An verebare ne non putaremus natura te potuisse tam improbum evadere, nisi accessisset etiam disciplina?

VIII. Tam autem eras excors[1], ut tota in oratione tua tecum ipse pugnares, non modo non cohærentia inter se diceres, sed maxime dijuncta atque contraria, ut non tanta mecum, quanta tibi tecum esset contentio. Vitricum tuum fuisse in tanto scelere fatebare, pœna adfectum querebare. Ita, quod proprie meum est, laudasti : quod totum est senatus, reprehendisti. Nam comprehensio sontium mea, animadversio senatus fuit. Homo disertus non intelligit eum, quem contra dicit, laudari a se : eos, apud quos dicit, vituperari. 19. Jam illud cujus est, non dico audaciæ — cupit enim se audacem —, sed, quod minime vult, stultitiæ, qua vincit omnes, clivi Capitolini mentionem facere, cum inter subsellia nostra versentur armati? cum in hac cella[2] Concordiæ, di immortales! in qua me consule salutares[3] sententiæ dictæ sunt, quibus ad hanc diem viximus, cum gladiis homines collocati stent? Accusa senatum : accusa equestrem ordinem, qui tum cum senatu copulatus fuit[4] : accusa omnes ordines, omnes cives, dum confiteare hunc ordinem hoc ipso tempore ab Ituræis[5] circumsederi. Hæc tu non propter audaciam

1. Hors de sens. *Cor*, au figuré, signifie non point le cœur, la sensibilité, mais l'esprit, l'intelligence : *Egregie cordatus homo* : un homme de sens. Le cœur était pour les anciens le siège de l'intelligence.
Juvénal :

Læva in parte mamillæ
Nil salit Arcadico juveni.

2. Σηκός : l'intérieur du temple, la partie enfermée entre les quatre murs, non compris le portique et le péristyle. Cicéron avait placé ses chevaliers dans la rue du Capitole, devant le temple : Antoine établit ses gens dans le temple même, dans la salle où le sénat délibère.

3. Des votes qui ont sauvé la patrie.

4. Ce fut le but que se proposa toute sa vie Cicéron, d'unir le sénat et les chevaliers (la noblesse et la finance), pour en composer un parti aristocratique capable de résister à la démocratie. Il y réussit au moment de son consulat ; mais cette alliance ne dura guère. Les deux ordres étaient sans cesse en querelle à propos des tribunaux.

5. Peuple de Syrie. C'étaient d'excellents archers. Cicéron, pour rendre le fait plus odieux, affecte de ne voir que des barbares dans les soldats d'Antoine. Appien (*B. C.*, III) dit que le sénat permit à Antoine d'avoir des gardes, sa vie ayant été menacée. Antoine en profita pour se former un

dicis tam impudenter, sed quia, qui tantam rerum repugnantiam non videas, nihil profecto sapis. Quid est enim dementius quam, cum rei publicæ perniciosa arma ipse ceperis, objicere alteri salutaria? 20. At etiam quodam loco facetus[1] esse voluisti. Quam id te, di boni, non decebat! In quo est tua culpa non nulla. Aliquid enim salis a mima uxore[2] trahere potuisti. CEDANT ARMA TOGÆ[3]. Quid? tum nonne cesserunt? At postea tuis armis cessit toga. Quæramus igitur utrum melius fuerit libertati populi Romani sceleratorum arma an libertatem nostram armis tuis cedere. Nec vero tibi de versibus plura respondebo : tantum dicam breviter, te neque illos neque ullas omnino litteras nosse[4] : me nec rei publicæ nec amicis umquam defuisse, et tamen omni genere monimentorum meorum perfecisse, ut meæ vigiliæ meæque litteræ et juventuti utilitatis et nomini Romano laudis aliquid adferrent. Sed hæc non hujus temporis : majora videamus.

IX. 21. P. Clodium meo consilio interfectum esse dixisti. Quidnam homines putarent, si tum occisus esset, cum tu illum in foro, spectante populo Romano, gladio insecutus es negotiumque transegisses, nisi se ille in scalas[5] tabernæ librariæ[6] conjecisset iisque

corps de six mille hommes, tous centurions, qui formaient d'avance les cadres d'une forte armée. Il devait y avoir peu de barbares dans cette troupe.

1. Avoir de l'esprit. Caton, après le *Pro Murena*, disait de Cicéron : *Facetum habemus consulem.*

2. Cythéris, qu'il appelle *uxor* par ironie. Il appelle Antoine *Cytherius*, ad Att., XV, 22. — Cf. plus bas.

3.
> Cedant arma togæ: concedat laurea laudi.

Ce vers appartient au poème *De suis temporibus*, ainsi que cet autre également fameux :

> O fortunatam natam me consule Romam.

Juvénal (X, 122) et Quintilien (XI, 1, 24) se sont moqués des vers de Cicéron. Plutarque dit au contraire que Cicéron était le premier poète de son temps. Il faut mettre avant lui Lucrèce et Catulle; mais il a eu un vrai talent, sinon du génie en poésie. — « *Togam pro pace*, arma ac tela pro bello (appellamus). » (*De Orat.*, III, 161.)

4. *Nosse* pour *novisse*, en vue du rhythme : *Quidquid sic loqui* nosse, judicasse *vetant*, novisse *jubent et* judicavisse. *Quasi vero nesciamus in hoc genere et plenum verbum recte dici et imminutum usitate* (*Orator*, 157).

5. Dans l'escalier. Ces escaliers, *scalæ græcæ*, enfermés entre quatre murs, étroits et sombres, pouvaient servir de cachette (Vitruve, IX, *Præf.*, 7. — Aulu-Gelle, X, 15). Sur le même fait, cf. XX, 49, et *Pro Milone*, XV, 40.

6. Il y avait beaucoup de libraires autour du Forum : les frères Sosii, au

oppilatis impetum tuum compressisset? Quod quidem ego favisse [1] me tibi fateor, suasisse ne tu quidem dicis. At Miloni ne favere quidem potui. Prius enim rem transegit quam quisquam eum facturum id suspicaretur. At ego suasi. Scilicet is animus erat Milonis, ut prodesse rei publicæ sine suasore non posset. At lætatus sum. Quid ergo? in tanta lætitia cunctæ civitatis me unum tristem esse oportebat? 22. Quamquam de morte Clodii fuit quæstio [2], non satis prudenter illa quidem constituta. Quid enim attinebat nova lege [3] quæri de eo, qui hominem occidisset, cum esset legibus quæstio constituta? quæsitum est tamen. Quod igitur, cum res agebatur, nemo [4] in me dixit, id tot annis post tu es inventus qui diceres?

23. Quod vero dicere ausus es idque multis verbis, opera mea Pompeium a Cæsaris amicitia esse dijunctum ob eamque causam culpa mea bellum civile esse natum, in eo non tu quidem tota re, sed, quod maximum est, temporibus errasti.

X. Ego M. Bibulo [5], præstantissimo cive, consule nihil prætermisi, quantum facere enitique potui, quin Pompeium a Cæsaris conjunctione avocarem. In quo Cæsar felicior fuit [6]. Ipse enim Pompeium a mea

temps d'Horace, habitaient le *vicus Tuscus*, d'autres avaient leur boutique au Janus. Au temps de Martial, les libraires habitent l'Argilète, au temps d'Aulu-Gelle le *vicus Sandaliarius*. Tous ces endroits avoisinent le Forum.

1. Madvig., *Gr. lat.*, 229. L'accusatif neutre du pronom est ajouté aux verbes intransitifs pour indiquer l'étendue de l'action : *Vellem idem posse gloriari quod Cyrus* (Cic., *Pro Mil.* 10). *Utrumque lætor* (*ad Fam.*, VII, 1). *Omnes mulieres eodem student* (Ter., *Her.*, II, 1, 2). — Cf. V, 12, *placuit idem... M. Catoni*. Le sujet est *consulatus*, *idem* est au neutre.

2. Cf. *Pro Milone*, V, 13.; VIII, 21.

3. La *Lex Pompeia de vi*, qui visait spécialement le meurtre de la voie Appienne, ordonnait d'instruire l'affaire en un temps où les tribunaux étaient fermés, et abrégeait les procédures, donnant trois jours à l'audition des témoins, un jour aux plaidoiries, deux heures à l'accusation et trois à la défense. Il y avait déjà la loi *Plautia Lutatia de vi*.

4. Cicéron dit le contraire, *Pro Milone*, XVIII, 47. On insinua que Milon n'avait été que l'instrument de Cicéron.

5. Consul en 695, avec César, dont Cicéron omet le nom à dessein. Les amis de César disaient, au contraire, *Cæsare et Julio consulibus*.

6. César, pendant qu'il faisait la guerre des Gaules, s'unit avec Crassus et Pompée, dont il fit ses instruments à Rome. Il poussa Pompée à des violences qui le brouillèrent avec l'aristocratie sans le rendre populaire.

familiaritate dijunxit[1]. Postea vero quam se totum Pompeius Cæsari tradidit, quid ego illum ab eo distrahere conarer? Stulti erat sperare, suadere impudentis[2]. 24. Duo tamen tempora inciderunt, quibus aliquid contra Cæsarem Pompeio suaserim. Ea velim reprehendas, si potes : unum[3], ne quinquennii imperium Cæsari prorogaret : alterum[4], ne pateretur ferri ut absentis ejus ratio haberetur. Quorum si utrumvis persuasissem, in has miserias numquam incidissemus. Atque idem ego, cum jam opes omnes et suas et populi Romani Pompeius ad Cæsarem detulisset, seroque ea sentire cœpisset, quæ multo ante provideram, inferrique patriæ bellum viderem nefarium, pacis, concordiæ, compositionis auctor esse non destiti, meaque illa vox est nota multis : *Utinam, Cn. Pompei, cum C. Cæsare societatem aut numquam coisses*[5] *aut numquam diremisses! Fuit alterum gravitatis, alterum prudentiæ tuæ.* Hæc mea, M. Antoni, semper et de Pompeio et de re publica consilia fuerunt : quæ si valuissent, res publica staret, tu tuis flagitiis, egestate, infamia concidisses.

XI. 25. Sed hæc vetera, illud vero recens, Cæsarem meo consilio interfectum. Jam vereor, patres conscripti, ne, quod turpissimum est, prævaricatorem[6] mihi appo-

1. Pompée abandonna Cicéron aux haines de Clodius : de là l'exil de Cicéron (696).

2. A cause des liens qui unissaient Pompée à César. César fit épouser à Pompée sa fille Julia, qui mourut, puis Octavia, sœur d'Auguste, veuve de Marcellus, qui devait épouser plus tard Antoine.

3. En 699, Trébonius, tribun du peuple, fit une loi qui donnait à Pompée les deux Espagnes, à Crassus la Syrie pour cinq ans, et à César la Gaule pour cinq autres années. Pompée et Crassus alors consuls appuyèrent la loi.

4. César demandait à être dispensé de venir à Rome briguer le consulat. En 704, Cicéron, d'abord opposé à cette demande faite dès 702 et soutenu alors par Pompée, finit par y consentir, ainsi qu'à toutes les autres conditions proposées par César, afin d'éviter la guerre civile. Cf. *ad Fam.*, VI, 6. Cicéron explique sa conduite à Cecina, et répète toutes les affirmations qu'on trouve ici. La *Lex Pompeia de jure magistratuum* contenait un article, *quo a petitione honorum absentes submovebat.*

5. Priscien donne *coire* comme verbe actif. L'expression *coire societatem* est très usitée.

6. *Prævaricari* est proprement dévier de la ligne droite en labourant. Dans le langage judiciaire, c'est accuser un coupable dans l'intention de le faire absoudre, et de l'arracher à une accu-

suisse videar, qui me non solum meis laudibus ornaret, sed etiam oneraret alienis. Quis enim meum in ista societate gloriosissimi facti nomen audivit? Cujus autem, qui in eo numero fuisset, nomen est occultatum? Occultatum dico? cujus non statim divulgatum? Citius dixerim jactasse se aliquos [1], ut fuisse in ea societate viderentur, cum conscii non fuissent, quam ut quisquam celari vellet qui fuisset. 26. Quam veri simile porro est in tot hominibus partim obscuris [2], partim adolescentibus, neminem occultantibus meum nomen latere potuisse? Etenim si auctores ad liberandam patriam desiderarentur illis actoribus [3], Brutos [4] ego impellerem, quorum uterque L. Bruti imaginem [5] quotidie videret, alter etiam Ahalæ [6]? Hi igitur his majoribus [7] ab alienis po-

sation sérieuse. Ainsi Verrès se donna pour accusateur Cæcilius, pour échapper aux Siciliens et à Cicéron.

1. C. Octavius et Lentulus Spinther, qui payèrent plus tard cette forfanterie de leur vie.

2. Il n'y avait qu'un seul consulaire parmi les meurtriers.

3. *Actoribus* est une conjecture de Madvig (*Opusc.*, I, 165). Les mss. ont *auctoribus*.

4. M. Junius Brutus, né en 669, fils de M. Brutus et de Serviiia, sœur de Caton, dont il devint le gendre en 709. Il fut adopté par son oncle, Q. Servilius Cæpio : de là le nom de Q. Cæpio Brutus sous lequel il est désigné parfois. Il était attaché en philosophie à la secte de la vieille Académie, en éloquence au genre attique. Gouverneur de la Cisalpine en 709. Meurtrier de César (15 mars 710). Préteur urbain (710). Proconsul en Achaïe et Macédoine. Mort à Philippes en 712. Cicéron lui a dédié le *De Finibus*, le *De Natura Deorum*, les *Tusculanes*, le *De claris oratoribus*, l'*Orator*. Il y a deux livres de lettres de Cicéron à Brutus, dont l'authenticité a été contestée, à tort. Brutus laissa des discours (*Pro Dejotaro rege*; *Oratio in concione Capitolina*; *Pro App. Claudio Pulchro*, père de sa première femme; *Laudatio App. Claudii Pulchri*); une *Declamatio pro Milone*; des traités philosophiques : *de Virtute*, περὶ Χαθήκοντος. — L'autre Brutus est D. Brutus Albinus, qui commanda la flotte de César en 698, et au siège de Marseille en 705. Meurtrier de César. Assiégé en 711 par Antoine dans Modène, il fut délivré par Octave et les deux consuls Hirtius et Pansa.

5. Il y avait trois sortes d'images : les statues en bois, ou en marbre, ou en métal, placées dans le vestibule; les images de cire, bustes ou masques, dans l'atrium, les bustes dans des niches, les masques dans des armoires; les portraits en peinture, dans l'atrium. Il s'agit ici sans doute des bustes en cire, plus proprement désignés par le mot *imago*, ou peut-être aussi de statues placées à la porte de la maison (Pline, XXXV, 2). Il ne s'agit pas en tout cas des statues situées sur la place publique. — *L. Bruti*. Celui qui avait chassé les Tarquins.

6. C. Servilius Ahala, maître de la cavalerie, tua Sp. Mælius, par ordre du dictateur Cincinnatus (315). M. Brutus était fils d'une Servilia.

7. On a douté de la descendance des Brutus. La *gens Junia* était plébéienne. Il pouvait y avoir eu *transitio ad plebem*. Mais bien des familles plébéiennes alléguaient cette explication faussement pour se rattacher à de vieilles familles patriciennes dont elles portaient le nom (Cf. *Brutus*, XVI, 62).

tius consilium peterent quam a suis et foris potius quam domo? Quid? C. Cassius [1], in ea familia natus, quæ non modo [2] dominatum, sed ne potentiam [3] quidem cujusquam ferre potuit, me auctorem, credo, desideravit : qui etiam sine his clarissimis viris hanc rem in Cilicia ad ostium fluminis Cydni confecisset, si ille ad eam ripam, quam [4] constituerat, non ad contrariam naves appulisset. 27. Cn. Domitium [5] non patris interitus, clarissimi viri, non avunculi mors, non spoliatio dignitatis ad recuperandam libertatem, sed mea auctoritas excitavit? An C. Trebonio [6] ego persuasi? cui ne suadere quidem ausus essem. Quo etiam majorem ei res publica gratiam debet, qui libertatem populi Romani unius amicitiæ præposuit, depulsorque dominatus quam particeps esse maluit. An L. Tullius Cimber [7] me est

1. Proquesteur en Syrie (703 et 704). Augure. Tribun du peuple, 705. Lieutenant de Pompée et commandant de la flotte, il passa à César après Pharsale. Préteur en 710. Après le meurtre il fut envoyé en Sicile pour les achats de blé nécessaires à l'approvisionnement de Rome. Gouverneur de Syrie en 711, il pilla sa province. Mort à Philippes (712). Il avait épousé la sœur de Brutus, Junia Tertia ou Tertulla.

2. *Non modo* dans les phrases de ce genre équivaut à *non modo non*. *Tusc.*, I, 87 : *Mortuorum autem* non modo *vitæ commodis, sed ne vita quidem ipsa quisquam caret.* » — Tite-Live, IV, 3 : « *L. deinde Tarquinium* non modo *Romanæ, sed ne Italicæ quidem gentis.* » On remarquera que dans le second membre se trouve toujours *ne... quidem*.

3. Sp. Cassius, consul en 252, 261 et 268, fut accusé par son propre père d'aspirer à la royauté et mis à mort.

4. Quand la même préposition gouverne l'antécédent et le relatif, on l'omet souvent devant celui-ci : *in eadem opinione fui qua reliqui* (*ad Att.*, VIII, 11, 2). Cf. plus bas, 57.

5. Consul en 723. Condamné injustement à mort, il alla retrouver Brutus en Macédoine, se réconcilia ensuite avec Antoine, qu'il abandonna avant Actium pour passer à Octave. Son fils épousa Antonia Major, dont il eut Cn. Domitius, père de Néron. — Le père du meurtrier de César était L. Domitius Ahenobarbus, préteur en 696, consul en 700, qui défendit Marseille contre les lieutenants de César et fut tué à Pharsale par Antoine. Il avait épousé Portia, sœur de Caton, qui est l'oncle dont Cicéron parle ici.

6. C'était le seul consulaire qui fût parmi les conjurés. Tribun en 699, il est l'auteur de la loi qui renouvelait pour cinq ans les pouvoirs de César en Gaule. En 700, il alla rejoindre César, dont il commanda les troupes au siège de Marseille et en Espagne (705). Préteur urbain en 706. Proconsul de l'Espagne ultérieure. Consul subrogé en 709. Il se brouilla avec César qu'il voulut tuer à Narbonne (XIV, 54). Ce fut lui qui sauva la vie à Antoine au moment du meurtre de César. Il avait fait un livre *De dictis Ciceronis*, et quelques satires à la façon de Lucilius. Il fut assassiné à Smyrne en 711, par Dolabella.

7. Césarien comme Trébonius, avant d'entrer dans la conspiration : du reste libertin et ivrogne. *Ego quemquam feram, qui vinum ferre non possum*, disait-il pour expliquer la part qu'il prit dans la conjuration.

auctorem secutus? quem ego magis fecisse illam rem sum admiratus quam facturum putavi, admiratus autem ob eam causam, quod immemor beneficiorum, memor patriæ fuisset. Quid duos Servilios[1] Cascas dicam an Ahalas? et hos auctoritate mea censes excitatos potius quam caritate rei publicæ? Longum est[2] persequi ceteros[3], idque rei publicæ præclarum, fuisse tam multos, ipsis gloriosum.

XII. 28. At quem ad modum me coarguerit homo acutus recordamini. Cæsare interfecto, inquit, statim cruentum alte extollens Brutus pugionem Ciceronem nominatim exclamavit atque ei recuperatam libertatem est gratulatus. Cur mihi potissimum? quia sciebam? Vide ne illa causa fuerit appellandi mei, quod, cum rem gessisset consimilem rebus iis, quas ipse gesseram, me potissimum testatus est se æmulum mearum laudium exstitisse. 29. Tu autem, omnium stultissime, non intelligis, si, id quod me arguis, voluisse interfici Cæsarem crimen sit, etiam lætatum esse morte Cæsaris crimen esse? Quid enim interest inter suasorem facti et probatorem? aut quid refert utrum voluerim fieri an gaudeam factum? Ecquis est igitur exceptis iis, qui illum regnare gaudebant, qui illud aut fieri noluerit aut factum improbarit? Omnes ergo in culpa. Etenim omnes boni, quantum in ipsis fuit, Cæsarem occiderunt. Aliis consilium, aliis animus, aliis occasio defuit : voluntas nemini. 30. Sed stuporem hominis vel dicam pecudis[4] attendite. Sic enim dixit : *M. Brutus,*

1. P. Servilius Casca, tribun en 710, et C. Servilius Casca, son frère, ami de César : *Servilii potius Ahalæ quam Cascæ videntur appellandi, cum Servilii illius Ahalæ qui Sp. Mælium occidit, virtutem sint imitati.* (Garatonius.)

2. Le présent de l'indicatif correspond ici au conditionnel français.

3. Les deux frères Cœcilius et Bucolianus, Rubrius Rex, Q. Ligarius, M. Spurius, Ser. Galba, Sextius Naso, Pontius Aquila, Minucius Basilus, Labeo, Cornélius Cinna.

4. *Pecus* signifie au propre un *mouton*. Juvénal emploie le mot *vervex* dans le même sens figuré :

Vervecum in patria crassoque sub aere nasc

quem ego honoris causa[1] *nomino, cruentum pugionem tenens Ciceronem exclamavit : ex quo intelligi debet eum conscium fuisse.* Ergo ego sceleratus appellor a te, quem tu suspicatum aliquid suspicaris : ille, qui stillantem præ se pugionem tulit, is a te honoris causa nominatur? Esto : sit in verbis tuis hic stupor : quanto in rebus sententiisque major! Constitue hoc, consul[2], aliquando, Brutorum, C. Cassii, Cn. Domitii, C. Trebonii, reliquorum quam velis esse causam : edormi crapulam, inquam, et exhala. An faces admovendæ sunt quæ te excitent tantæ causæ indormientem? Numquamne intelligis statuendum tibi esse utrum illi, qui istam rem gesserunt, homicidæ sint an vindices libertatis?

XIII. 31. Attende enim paullisper cogitationemque sobrii hominis punctum temporis suscipe. Ego, qui sum illorum, ut ipse fateor, familiaris, ut a te arguor, socius, nego quidquam esse medium : confiteor eos, nisi liberatores populi Romani conservatoresque rei publicæ sint, plus quam sicarios, plus quam homicidas, plus etiam quam parricidas esse : si quidem est atrocius patriæ parentem[3] quam suum occidere. Tu, homo sapiens et considerate, quid dicis? Si parricidas, cur honoris causa a te sunt et in hoc ordine et apud populum Romanum semper appellati? Cur M. Brutus referente te legibus est solutus, si ab urbe plus quam decem dies[4] abfuisset? Cur ludi

1. Antoine (dans Shakespeare, *Jules César*), faisant l'oraison funèbre du dictateur, répète sans cesse :

For Brutus is an honourable man.

2. C'est-à-dire *cujus est consulere reipublicæ*. Par ironie.

3. Ce titre avait été officiellement décerné à César par un vote du sénat. — Cic. ad Cassium (*ad Fam.*, XII, 3, 1): « *Auget tuus amicus furorem in dies : primum in statua quam posuit in rostris inscripsit :* Parenti optime merito, *ut non modo sicarii sed jam etiam parricidæ judicemini, quid dico, judicemini? judicemur potius: vestri enim pulcherrimi facti ille furiosus me principem dicit fuisse.* »

4. Après l'oraison funèbre prononcée par Antoine aux funérailles de César, le peuple se souleva, les meurtriers quittèrent Rome. Brutus et Cassius allèrent en Campanie. Antoine, ne voulant pas les pousser à bout, leur fit donner commission d'aller en Asie et en Sicile faire des achats de blé pour

Apollinares[1] incredibili M. Bruti honore[2] celebrati? Cur provinciæ[3] Bruto, Cassio datæ? cur quæstores additi? cur legatorum numerus auctus? Atque hæc acta per te. Non igitur homicidæ. Sequitur ut liberatores tuo judicio, quando quidem tertium nihil potest esse. 32. Quid est? num conturbo te? Non enim fortasse satis, quæ dijunctius[4] dicuntur, intelligis. Sed tamen hæc summa est conclusionis meæ : quoniam scelere a te liberati sunt, ab eodem amplissimis præmiis dignissimos judicatos. Itaque jam retexo orationem meam. Scribam ad illos, ut[5], si qui forte quod a te mihi objectum est quærent sitne verum, ne cui negent. Etenim vereor ne aut celatum me illis ipsis non honestum aut invitatum refugisse mihi sit turpissimum. Quæ enim res umquam, proh sancte Jupiter ! non modo in hac urbe, sed in omnibus terris est gesta major? quæ gloriosior? quæ commendatior hominum memoriæ sempiternæ? In hujus me tu consilii societatem tamquam in equum Trojanum cum principibus includis? 33. Non recuso : ago etiam gratias, quoquo animo facis. Tanta enim res est, ut invidiam istam, quam tu in me

approvisionnement de Rome. Comme Brutus, préteur urbain, ne pouvait s'absenter de Rome plus de 10 jours de suite, il lui fit donner une dispense par le peuple. C'était l'exiler sous l'apparence de lui rendre service.

1. Ils se célébraient alors le 5 juillet. Ils avaient été institués après Cannes. Ils furent présidés cette année-là par C. Antonius, frère de Marcus, préteur désigné, en la place de M. Brutus, qui en fit les frais.

2. Le peuple y appela Brutus à grands cris. On jouait le *Térée* d'Accius, où le public trouva des allusions à Brutus, qu'il marqua par de grands applaudissements. Cic. (*ad Att.*, XVI, 2) : « Delectari mihi Tereo videbatur (Brutus) et habere majorem Accio quam Antonio gratiam. Mihi autem quo lætiora sunt, eo plus stomachi et molestiæ est populum Romanum manus suas non in defendenda republica sed in plaudendo consumere. »

3. La Crète à Brutus, la Cyrénaïque à Cassius. Ils préférèrent garder les provinces que leur avait assignées César, la Macédoine et la Syrie.

4. La *dijunctio* est le dilemme.

5. Madvig, *Gr. lat.* 456 : « Dans les propositions objectives après les verbes marquant un souhait ou un effort... et dans les propositions déclarant un dessein, *ut ne* est employé souvent au lieu de *ne*, et exprime d'abord l'objet ou le dessein en général et ensuite la négation. *Trebatio mandavi, ut si tu eum velles ad me mittere, ne recusaret* (*ad Fam.* IV, 1). — *Sed ut hic qui intervenit, ne ignoret, quæ res agatur, de natura agebatur deorum* (*De Deor. nat.*, I, 7). — *Ex hoc efficitur non ut voluptas ne sit summum bonum*..... (*de Fin.*, II, 8). »

vis concitare, cum laude non comparem. Quid enim beatius illis, quos tu expulsos a te prædicas et relegatos? qui locus est aut tam desertus aut tam inhumanus qui illos, cum accesserint, non adfari atque appetere videatur? qui homines tam agrestes qui se, cum eos aspexerint, non maximum cepisse vitæ fructum putent? quæ vero tam immemor posteritas, quæ tam ingratæ litteræ reperientur, quæ eorum gloriam non immortalitatis memoria prosequantur? Tu vero ascribe me talem in numerum.

XIV. 34. Sed unam rem vereor ne non probes. Si enim fuissem, non solum regem, sed etiam regnum [1] de re publica sustulissem : et, si meus stilus [2] ille fuisset, ut dicitur, mihi crede, non solum unum actum, sed totam fabulam confecissem. Quamquam si interfici Cæsarem voluisse crimen est, vide, quæso, Antoni, quid tibi futurum sit, quem et Narbone hoc consilium cum C. Trebonio cepisse notissimum est et ob ejus consilii societatem, cum interficeretur Cæsar, tum te a Trebonio vidimus sevocari. Ego autem — vide quam tecum agam non inimice! — quod bene cogitasti aliquando, laudo : quod non indicasti, gratias ago : quod non fecisti, ignosco [3]. Virum res illa quærebat. 35. Quod

1. *Ad Att.*, XIV, 9, 2 : *O di boni! vivit tyrannis, tyrannus occidit.* — *Ad Fam.*, XII, 1 : *Non regno sed rege liberati videmur.* — Cicéron a soin d'employer sans cesse ces mots de *rex* et de *regnum*, si odieux aux Romains.

2. Il joue sur le mot. Cf. Hor. *Sat.*, II, 1, 39 :

Sed hic stilus haud petet ultro
Quemquam animantem et me veluti custodiet [ensis
Vagina tectus.

Confecissem est un mot équivoque, à double sens. Il signifie *achever*. Mais il est synonyme d'*occidere*. Suétone appelle les bestiaires *confectuos* (Abram). — Cic. écrivait en 711 à Trebonius : *Quod vero a te, viro optimo, seductus est tuoque beneficio adhuc vivit hæc pestis, interdum quod mihi vix fas est, tibi subirascor* (*ad Fam.*, X, 28); — et à Cassius en 710 : *Vellem Idibus Martiis me ad cœnam invitasses : reliquiarum nihil fuisset. Nunc me reliquiæ vestræ exercent* (*ad Fam.*, XII, 3, 1). — *Vestri enim pulcherrimi facti ille furiosus me principem dicit fuisse. Utinam quidem fuissem : molestus nobis non esset.* (*Ib.*, 3, 1.)

3. Antoine séjourna à Narbonne en 708 quand César alla en Espagne. Il était accablé de dettes, et trouvait César peu complaisant. Ce que dit Cicéron du dessein d'Antoine est pourtant peu croyable. Il y revient XXIX, 74; XXX, 75, 199.

Le récit de Plutarque (*Vie d'Antoine*) est plus vraisemblable. Trébonius forma le projet de tuer César :

si te in judicium quis adducat usurpetque illud Cassianum [1], CUI BONO FUERIT, vide, quæso, ne hæreas. Quamquam illud quidem fuit, ut tu dicebas, omnibus bono, qui servire nolebant, tibi tamen præcipue, qui non modo non servis, sed etiam regnas, qui maximo te ære alieno ad ædem Opis [2] liberavisti, qui per easdem tabulas innumerabilem pecuniam dissipavisti, ad quem e domo Cæsaris [3] tam multa delata sunt, cujus domi quæstuosissima est falsorum commentariorum et chirographorum officina, agrorum, oppidorum, immunitatum, vectigalium flagitiosissimæ nundinæ. 36. Etenim quæ res egestati et æri alieno tuo præter mortem Cæsaris subvenire potuisset? Nescio quid conturbatus [4] esse videris : num quid subtimes ne ad te hoc crimen pertinere videatur? Libero te metu : nemo credet umquam : non est tuum de re publica bene mereri : habet istius pulcherrimi facti clarissimos viros res publica auctores : ego te tantum gaudere dico, fecisse non arguo. Respondi maximis criminibus : nunc etiam reliquis respondendum est.

XV. 37. Castra mihi Pompeii [5] atque illud omne tempus objecisti. Quo quidem tempore si, ut dixi, meum consilium auctoritasque valuisset, tu hodie egeres, nos liberi essemus : res publica non tot duces et exercitus amisisset. Fateor enim me, cum ea, quæ acciderunt, providerem futura, tanta in mœstitia fuisse, quanta ceteri optimi cives, si idem providissent, fuissent. Do-

Antoine refusa de s'y associer, mais garda le secret sur la confidence qui lui avait été faite.

1. L. Cassius Longinus, tribun du peuple en 617, *summæ vir severitatis : L. Cassius ille quem populus Romanus verissimum judicem putabat, identidem in causis quærere solebat cui bono fuisset.* (*Pro Sex. Roscio*, XXX, 84). — Cf. *Pro Milone*, XII, 32. C'est l'axiome : *Is fecit cui prodest.*

2. La déesse Ops est la Terre (Varron, l. 2, V, 30). Elle avait un temple au Capitole : il y avait aussi au pied du Forum un temple d'Ops et de Saturne qui depuis 508 servait d'*ærarium.* C'est de celui-ci qu'il s'agit. César y avait déposé 700 millions de sesterces.

3. Outre les papiers de César, Calpurnie fit porter chez Antoine une somme de 4 000 talents (22 240 000 fr.).

4. Cicéron (*Tusc.* IV, 8, 19), définit le mot *conturbatio : metum excutientem cogitata.*

5. Cicéron alla rejoindre Pompée sans illusions ni enthousiasme. Ses lettres en font foi (*Ad Att.*, VII, 11).

lebam, dolebam[1], patres conscripti, rem publicam vestris quondam meisque consiliis conservatam brevi tempore esse perituram. Nec vero eram tam indoctus ignarusque rerum, ut frangerer animo propter vitæ cupiditatem, quæ me manens conficeret angoribus, dimissa[2] molestiis omnibus liberaret. Illos ego præstantissimos viros, lumina rei publicæ, vivere volebam, tot consulares, tot prætorios, tot honestissimos senatores, omnem præterea florem nobilitatis ac juventutis, tum optimorum civium exercitus : qui si viverent, quamvis iniqua conditione pacis[3], — mihi enim omnis pax cum civibus bello civili utilior videbatur, — rem publicam[4] hodie teneremus. 38. Quæ sententia si valuisset ac non ei[5] maxime mihi, quorum ego vitæ consulebam, spe victoriæ elati obstitissent, ut alia omittam, tu certe numquam in hoc ordine vel potius numquam in hac urbe mansisses. At vero Cn. Pompeii[6] voluntatem a me alienabat oratio mea. An ille quemquam plus dilexit? cum ullo aut sermones aut consilia contulit sæpius? quod quidem erat magnum, de summa re publica dissentientes in eadem consuetudine amicitiæ permanere. Ego quid ille et contra ille quid ego sentirem et spec-

1. *De Orat.*, III, 206 : *Nam et geminatio verborum habet interdum vim.*

2. Emploi du participe fréquent en latin, et assez usité en français au XVIIe siècle.

Racine :

Quand de Britannicus la mère condamnée,
Laissa de Claudius disputer l'hyménée...

Nous mettrions un substantif aujourd'hui.

3. César proposait : que Pompée partît pour l'Espagne, que les armées des deux côtés fussent licenciées ; que les Gaules fussent remises à Domitius et à Considius Nonianus, qu'on lui permît de demander le consulat en son absence sans revenir poser sa candidature à Rome.

4. Sens assez rare du mot : *le gouvernement républicain*. La souveraineté n'est plus *res publica, res populi*, mais *res unius*, depuis que César et après lui Antoine ont détruit la liberté et asservi l'Etat à leur tyrannie.

5. Cn. Domitius, C. Lentulus, et autres. — *Ei* est la forme la plus ancienne du nominatif pluriel. *Ii* ne se trouve pas chez les plus vieux auteurs. Mais à l'époque classique la forme la plus usitée est *ii*.

6. Les rapports de Cicéron et de Pompée n'ont pas toujours été très amicaux. Cicéron en médit souvent dans ses lettres. Pompée avait abandonné Cicéron à la haine de Clodius, en 696. Pendant la guerre civile, leurs rapports furent assez froids. Cicéron voyait la faiblesse et l'ambition de Pompée, et ne s'en taisait pas. Pompée ne lui pardonnait pas ses hésitations, ses critiques et ses railleries.

tarem videbat. Ego incolumitati civium primum, ut postea dignitati possemus, ille præsenti dignitati potius consulebat. Quod autem habebat uterque quid sequeretur, ideirco tolerabilior erat nostra dissensio. 39. Quid vero ille singularis vir ac pæne divinus de me senserit sciunt qui eum de Pharsalia fuga Paphum[1] persecuti sunt. Numquam ab eo mentio de me nisi honorifica, nisi plena amicissimi desiderii, quum me vidisse plus fateretur, se speravisse meliora. Et ejus viri nomine me insectari audes, cujus me amicum, te sectorem esse fateare?

XVI. Sed omittatur bellum illud, in quo tu nimium felix fuisti. Ne *de* jocis[2] quidem respondebo, quibus me in castris usum esse dixisti. Erant quidem illa castra plena curæ : verum tamen homines, quamvis in turbidis rebus sint, tamen, si modo homines sunt, interdum animis relaxantur. 40. Quod autem idem mœstitiam meam reprehendit, idem jocum, magno argumento est me in utroque fuisse moderatum.

Hereditatem mihi negasti venire[3]. Utinam hoc tuum verum crimen esset! plures amici mei et necessarii viverent. Sed qui istuc tibi venit in mentem? Ego enim amplius sestertium ducentiens[4] acceptum hereditatibus rettuli. Quamquam in hoc genere fateor feliciorem esse te. Me nemo nisi amicus fecit heredem, ut cum illo commodo, si quod erat, animi quidam dolor jun-

1. M. Favonius, les deux Lentulus, le roi Dejotarus.

2. Ces plaisanteries nous paraissent en général assez froides aujourd'hui. Cf. Plut., Cicéron. — Macrobe, *Sat.*, II, 3: *Interroganti Pompeio ubi gener ejus (Dolabella) esset, respondit : Cum socero tuo* (César). C'est le meilleur des mots de Cicéron.

3. Il arrivait souvent que les Romains faisaient des legs non seulement à leurs amis, mais à des gens même qu'ils ne connaissaient pas personnellement et qu'ils estimaient. Cicéron hérita souvent : il s'en fait honneur plus d'une fois. L'architecte Cyrus prit pour héritiers Clodius et Cicéron (*Pro Mil.*, XVIII, 48). Le stoïcien Diodotus légua à Cicéron 10 millions de sesterces (2 120 000 francs). Cette coutume produisit des abus. En 716 la loi Falcidia réserva à l'héritier naturel le quart de l'héritage. C'est de cet usage que se prévalurent les mauvais empereurs pour se faire inscrire sur les testaments, et réclamer une part dans les héritages, nommés ou non nommés.

4. 20 millions de sesterces : 4 240 000 francs.

geretur : te is, quem tu vidisti numquam, L. Rubrius Casinas fecit heredem. 41. Et quidem vide quam te amarit is, qui albus aterne fuerit ignoras[1] : fratris filium præteriit, Q. Fufii[2], honestissimi equitis Romani suique amicissimi, quem palam heredem semper factitarat, ne nominat quidem : te, quem numquam viderat aut certe numquam salutaverat[3], fecit heredem. Velim mihi dicas, nisi molestum est, L. Turselius qua facie fuerit, qua statura, quo municipio, qua tribu. Nihil scio, inquis nisi quæ prædia habuerit. Is igitur fratrem exheredans te faciebat heredem. In multas præterea pecunias alienissimorum hominum vi ejectis veris heredibus, tamquam heres esset, invasit. 42. Quamquam hoc maxime admiratus sum, mentionem te hereditatum ausum esse facere, cum ipse hereditatem patris non adisses[4].

XVII. Hæc ut colligeres, homo amentissime, tot dies in aliena[5] villa declamasti[6]? quamquam tu quidem, ut tui familiarissimi dictitant, vini[7] exhalandi, non in-

1. Catulle, *Ad Cæsarem* (94) :

Nil nimium studeo, Cæsar, tibi velle placere :
Nec scire, utrum sis albus an ater homo.

2. S.-ent. filium.

3. *Salutare* signifie *faire visite*.

4. M. Antonius, fils de l'orateur, préteur en 679, *curator totius oræ maritimæ*, chargé de la défense des côtes contre les pirates, mourut en Crète après une malheureuse expédition qui lui valut par ironie le surnom de Creticus. Prodigue et dissipateur, *perdundæ pecuniæ genitus* (Salluste), il mourut ruiné et couvert de dettes. Son fils renonça à la succession. C'était au préteur qu'il appartenait de donner l'autorisation aux enfants d'abandonner la succession paternelle.

5. La villa de Scipion ; cf. XLII, 109. — Antoine y passa dix-sept jours.

6. Il ne s'agit pas de ce qu'on appelait sous l'empire *declamationes*, c'est-à-dire de *suasoriæ et controversiæ*, exercices d'école. Au temps de Cicéron, *declamare est domi non mediocriter dicere*. (Sén. *Contr.*, I, Préf.) C'est l'exercice auquel se livre un orateur chez lui pour entretenir ou accroître son talent. Suétone (*De Rhet.*) nous dit qu'Antoine déclama même pendant la guerre de Modène. Tous les orateurs latins en usaient ainsi, et ne cessaient dans leur cabinet de s'exercer à la parole. Cicéron, qui se moque d'Antoine, faisait comme lui : *Cicero ad præturam usque etiam græce declamitavit, Latine vero senior quoque et quidem cum consulibus Hirtio et Pansa quos discipulos et grandes prætextatos vocabat*. (Suét.) Il écrit à Tiron en 710 : *Declamitare græce apud Cassium institui, latine autem apud Bruttium exerceri volo*. Pompée à l'approche de la guerre civile, Auguste pendant la guerre de Modène, continuèrent à déclamer chaque jour. Ces *declamationes* consistaient en général dans le développement d'une idée philosophique ou d'un point de droit.

7. Antoine fit un peu avant Actium un traité *de Ebrietate sua* ; cf. Pline

genii acuendi causa declamas. At vero adhibes joci causa magistrum suffragio tuo et compotorum tuorum rhetorem, cui concessisti ut in te quæ vellet diceret, salsum omnino hominem, sed materia facilis est in te et in tuos dicta[1] dicere. Vide autem quid intersit inter te et avum[2] tuum. Ille sensim dicebat quod causæ prodesset; tu cursim dicis aliena[3]. 43. At quanta merces rhetori data est! Audite, audite, patres conscripti, et cognoscite rei publicæ vulnera. Duo millia jugerum[4] campi Leontini Sex. Clodio[5] rhetori adsignasti et quidem immunia, ut populi Romani tanta mercede nihil sapere[6] disceres. Num etiam hoc, homo audacissime, ex Cæsaris commentariis? Sed dicam alio loco et de Leontino agro et de Campano, quos iste agros ereptos rei publicæ turpissimis possessoribus inquinavit. Jam enim, quoniam criminibus ejus satis respondi, de ipso emendatore et correctore nostro quædam dicenda sunt. Nec enim omnia effundam, ut, si sæpius decertandum

XIV, 22, 148. — Plut., *Vie d'Ant. passim.* — Macrobe, *Sat.* II, 2. — Vell. II, 81. (Wernsdorff.)

1. Plaute, *Cap.*, I, 22. : *Dico unum ridiculum dictum de dictis melioribus.* C'est le sens ordinaire du mot *dictum* et de l'expression *dicta dicere.* — *De Orat.* II, 222 : « *Dicere enim aiunt Ennium,* flammam a sapiente facilius ore in ardente opprimi quam bona dicta teneat, *hæc scilicet bona dicta quæ salsa sint; nam ea dicta appellantur proprio jam nomine.* »

2. Marc-Antoine l'orateur (611-667). Préteur en 650. Consul en 655. Censeur en 657. — Cf. *Brutus,* XXXVI; XXXVII sqq.; LIX, LXXXIII sqq. — *De Orat. passim.* — Il avait une éloquence forte et pathétique, une action puissante. Ses plaidoyers les plus fameux furent pour M Aquilius, pour C. Norbanus, pour Gratidianus. Il n'écrivit point ses discours, afin, disait-il, de pouvoir se contredire sans danger.

3. *Omnia veniebant Antonio in mentem : eaque suo quæque loco, ubi plurimum proficere et valere possent, ut ab imperatore equites, pedites, levis armatura, sic ab illo in maxime opportunis partibus collocabantur.* (Brut., XXVII, 139.)

4. Le *juger* est un rectangle de 120 pieds de carré sur 240 de large. Il vaut 25 ares 20. — Le territoire de Léontium était un des plus fertiles de la Sicile. C'était un domaine de l'Etat, que les censeurs affermaient; Antoine le donne sans exiger de rente.

5. Suet., *de Rhet.*, V: « Sex. Clodius e Sicilia Latinæ simul Græcæque eloquentiæ professor, male oculatus et dicax, par oculorum in amicitia M. Antonii triumviri extitisse (?) se dicebat, ejusdem uxorem Fulviam cui altera bucca inflatior erat, acumen stili temtare dixit, nec eo minus, immo vel magis Antonio gratus » — *Phil.*, III, 9, 22 : « Sex. Clodius magister Antonii ex oratore arator est factus. »

6. Quint., V, 13, 38 : « Illæ reprehensiones .. inscitiæ rerum verborumque et insulsitatis etiam, qualis in Antonium est, animo dantur aut justis odiis, suntque utiles ad conciliandum iis, quos invisos facere volueris, odium. »

sit, ut erit, semper novus veniam : quam facultatem mihi multitudo istius vitiorum peccatorumque largitur.

XVIII. 44. Visne igitur te inspiciamus a puero? Sic, opinor : a principio ordiamur. Tenesne memoriâ prætextatum[1] te decoxisse[2]? Patris, inquies, ista culpa est. Concedo. Etenim est pietatis plena defensio. Illud tamen audaciæ tuæ, quod sedisti in quattuordecim ordinibus[3], cum esset lege Roscia decoctoribus certus locus, quamvis quis fortunæ vitio, non suo decoxisset. Sumpsisti virilem togam. . . . .

. . . .

Recordare tempus illud, cum pater Curio mœrens jacebat in lecto : filius se ad pedes meos prosternens, lacrimans, te mihi commendabat : orabat, ut te contra suum patrem, si sestertium sexagiens peteret, defenderem : tantum enim se pro te intercessisse[4] dicebat. 46. Quo tempore ego quanta mala florentissimæ familiæ sedavi vel potius sustuli! Patri persuasi, ut æs alienum filii dissolveret : redimeret[5] adolescentem, summa spe et animi et ingenii præditum, rei familiaris facultatibus eumque non modo tua familiaritate, sed etiam congressione patrio jure et potestate prohiberet. Hæc tu cum per me acta meminisses, nisi illis, quos videmus, gladiis confideres, maledictis me provocare ausus esses?

XIX. 47. Sed jam stupra et flagitia omittamus, sunt quædam, quæ honeste non possum dicere : tu autem eo liberior, quod ea in te admisisti, quæ a verecundo

1. La prétexte était une toge bordée de pourpre portée par les magistrats, et par les enfants nobles jusqu'à quatorze ans : à cet âge ils prenaient la toge blanche : *toga pura, toga virilis*.

2. En renonçant à l'héritage de son père, dont il ne paya pas les dettes.

3. *Lex Roscia theatralis*. En 685 le tribun L. Roscius Otho fit une loi qui assignait au théâtre quatorze gradins aux chevaliers (à ceux qui avaient le cens équestre), jusque-là confondus avec le peuple. Cette loi excita une émeute au théâtre, qui fut calmée par un discours de Cicéron, aujourd'hui perdu.

4. C'est le terme propre pour signifier se porter garant ou cautionner.

5. L'emploi de ce mot est expliqué par l'ancienne loi romaine qui adjugeait le débiteur insolvable au créancier.

inimico audire non posses. Sed reliquum vitæ cursum videte : quem quidem celeriter perstringam. Ad hæc enim, quæ in civili bello, in maximis rei publicæ miseriis fecit, et ad ea, quæ quotidie facit, festinat animus. Quæ peto, ut, quamquam multo notiora vobis quam mihi sunt, tamen, ut facitis, attente audiatis. Debet enim talibus in rebus excitare animos non cognitio solum rerum, sed etiam recordatio : etsi incidamus, opinor, media, ne nimis sero ad extrema veniamus.

48. Intimus erat in tribunatu[1] Clodio, qui sua erga me beneficia commemorat : ejus omnium incendiorum fax, cujus etiam domi jam tum quiddam molitus est[2]. Quid dicam ipse optime intelligit. Inde iter Alexandream contra senatus auctoritatem, contra rem publicam et religiones[3], sed habebat ducem Gabinium[4], quicum quidvis rectissime[5] facere posset. Qui tum inde reditus aut qualis? prius in ultimam Galliam ex Ægypto quam domum. Quæ autem domus? Suam[6] enim quisque domum tum obtinebat, nec erat usquam tua. Domum dico? Quid erat in terris ubi in tuo pedem poneres[7] præter unum Misenum[8], quod cum sociis tamquam Sisaponem[9] tenebas?

XX. 49. Venisti e Gallia[10] ad quæsturam petendam. Aude dicere te prius ad parentem[11] tum venisse quam

1. En 696.
2. Allusion à Fulvie.
3. Un oracle sibyllin défendait de rétablir le roi par la force : ce devait être dangereux pour Rome.
4. A. Gabinius, ami de Catilina, puis de Clodius, et enfin partisan de Pompée. Tribun en 687, consul en 696, un des auteurs de l'exil de Cicéron. Proconsul en Syrie en 697-698. Pour 10 000 talents il loua son armée à Ptolémée Aulétès et le rétablit sur le trône d'Egypte. Il fut condamné pour ce fait, bien que défendu par Cicéron, exilé et rappelé en 705 par César. Il mourut en 706 à Salone. C'était un raffiné, homme d'argent et de plaisir.
5. Ironique.
6. Antoine n'avait pas encore expulsé tant de citoyens de leurs maisons.
7. *Ad Att.* XXIII, 2, 2 : « Pedem ubi ponat in suo, non habet. »
8. L'orateur Marc Antoine y avait une villa.
9. Il y avait deux villes de ce nom en Bétique (auj. Almaden et Guadalcanal), près desquelles étaient des mines d'argent et de cinabre, exploitées par des compagnies. De là le proverbe : *Tenere tamquam Sisaponem*, posséder avec des copropriétaires.
10. Où il était lieutenant de César. Il revint en 701. Il fut questeur en 702.
11. Sa mère Julia.

ad me. Acceperam jam ante Cæsaris litteras, ut mihi satis fieri paterer a te. Itaque ne loqui quidem sum te passus de gratia. Postea sum cultus a te, tu a me observatus in petitione quæsturæ. Quo quidem tempore P. Clodium approbante populo Romano in foro es conatus occidere, cumque eam rem tua sponte conarere, non impulsu meo, tamen ita prædicabas, te non existimare, nisi illum interfecisses, umquam mihi pro tuis in me injuriis satis esse facturum. In quo demiror cur Milonem impulsu meo rem illam egisse dicas, cum te ultro mihi idem illud deferentem numquam sim adhortatus. Quamquam [1], si in eo perseverares, ad tuam gloriam rem illam referri malebam quam ad meam gratiam. 50. Quæstor es factus : deinde continuo sine senatus consulto [2], sine sorte, sine lege, ad Cæsarem cucurristi. Id enim unum in terris egestatis, æris alieni, nequitiæ [3], perditis vitæ rationibus perfugium esse ducebas. Ibi te cum et illius largitionibus et tuis rapinis explevisses, si hoc est explere *haurire* [4] quod statim effundas, advolasti egens ad tribunatum, ut in eo magistratu, si posses, Curionis tui similis esses.

XXI. Accipite nunc, quæso, non ea, quæ ipse in se atque in domesticum decus impure, intemperanter, sed quæ in nos fortunasque nostras, id est in universam rem publicam, impie ac nefarie fecerit. Ab hujus enim scelere omnium malorum principium natum reperietis. 51. Nam, cum L. Lentulo C. Marcello [5] consulibus Kalendis Januariis labentem et prope cadentem rem

1. A vrai dire. — Cf. VII, 16.

2. Le sénat désignait les provinces consulaires qui auraient des questeurs : le sort déterminait la répartition, ou bien un sénatus-consulte envoyait un questeur dans une province, *extra sortem*. Enfin une loi du peuple pouvait assigner à un questeur sa province.

3. Donat., *in Heautont.* : *Nequitia est luxus vitæ prodigus atque effusus.*

4. Un mot omis par les mss. On a conjecturé *haurire*, ou *devorare*, ou *ingerere*, ou *corripere*.

5. L. Cornelius Lentulus Crus, consul en 705. Suivit Pompée à Pharsale et en Egypte, où il fut tué par ordre de Ptolémée. — C. Claudius Marcellus, consul en 705, frère de M. Marcellus, consul en 703, pour qui Cicéron prononça le *Pro Marcello* ; il épousa Octavie, et fut père de ce Marcellus dont Virgile déplore la mort (*Æn.*, VI, 861).

publicam fulcire cuperetis, ipsique C. Cæsari, si sana mente esset, consulere velletis, tum iste venditum atque emancipatum[1] tribunatum consiliis vestris opposuit[2] cervicesque suas ei subjecit securi, qua multi minoribus in peccatis occiderunt. In te, M. Antoni, id decrevit senatus et quidem incolumis, nondum tot luminibus exstinctis, quod in hostem togatum[3] decerni est solitum more majorum. Et tu apud patres conscriptos contra me dicere ausus es, cum ab hoc ordine ego conservator essem, tu hostis rei publicæ judicatus? Commemoratio illius tui sceleris intermissa est, non memoria deleta. Dum genus hominum, dum populi Romani nomen exstabit, — quod quidem erit, si per te licebit, sempiternum, — tua illa pestifera intercessio nominabitur. 52. Quid cupide a senatu, quid temere fiebat, cum tu unus[4] adolescens universum ordinem decernere de salute rei publicæ prohibuisti? neque semel, sed sæpius, neque tu tecum de senatus auctoritate agi passus es, (quid autem agebatur nisi ne deleri et everti rem publicam funditus velles?) cum te neque principes civitatis rogando neque majores natu monendo neque frequens senatus agendo de vendita atque addicta[5] sententia movere potuit. Tum illud multis rebus ante temptatis necessario tibi vulnus inflictum est, quod paucis ante te, quorum incolumis fuit nemo. 53. Tum contra te dedit arma hic ordo consulibus reli-

1. La mancipation est une vente, où l'acquéreur porte la main sur l'objet vendu, en présence de cinq témoins et d'un porte-balance (*libripens :* à l'origine on pesait l'argent).

2. Les consuls proposèrent d'ordonner à César de licencier son armée. Antoine et Q. Cassius (frère du meurtrier) s'y opposèrent.

3. C'est le décret : *Videant consules ne quid detrimenti respublica capiat,* qui dônnait aux consuls une autorité pareille à celle du dictateur, mais sans suspendre les autres magistratures. Le sénat dans ce décret associa Pompée aux consuls pour la défense de la république (*ad Fam.* XVI, 11).

4. Cicéron omet à dessein Q. Cassius, il veut concentrer tout l'odieux sur Antoine. — *Adolescens.* Antoine étant tribun avait plus de 30 ans, environ 34 ans, il était né probablement en 711. Varron faisait aller l'adolescence jusqu'à 30 ans. Plus loin Cicéron se dit *adolescens* à 44 ans, l'année de son consulat. Ici il rajeunit Antoine pour exagérer son audace et son impudence.

5. Terme employé dans les ventes à l'enchère, *auctio.* — Proprement : *adjugé.*

quisque imperiis et potestatibus : quæ non effugisses, nisi te ad arma Cæsaris contulisses [1].

XXII. Tu, tu, inquam, M. Antoni, princeps C. Cæsari omnia perturbare cupienti causam belli contra patriam inferendi dedisti. Quid enim aliud ille dicebat? quam causam sui dementissimi consilii et facti adferebat, nisi quod intercessio neglecta, jus tribunicium sublatum, circumscriptus [2] a senatu esset Antonius? Omitto quam hæc falsa, quam levia, praesertim cum omnino nulla causa justa cuiquam esse possit contra patriam arma capiendi. Sed nihil de Cæsare : tibi certe confitendum est causam perniciosissimi belli in persona tua constitisse. 54. O miserum te, si hæc intelligis, miseriorem, si non intelligis, hoc litteris mandari, hoc memoriæ prodi, hujus rei ne posteritatem quidem omnium sæculorum umquam immemorem fore, consules ex Italia expulsos, cumque iis Cn. Pompeium, quod [3] imperii populi Romani decus ac lumen fuit, omnes consulares, qui per valetudinem [4] exsequi cladem illam fugamque potuissent, prætores, prætorios, tribunos plebis, magnam partem senatus, omnem sobolem [5] juventutis, unoque verbo rem publicam expulsam atque exterminatam suis sedibus ! 55. Ut igitur in seminibus [6] est causa arborum et stirpium, sic hujus luctuosissimi belli semen tu

1. Antoine et Q. Cassius, accompagnés de Curion, s'enfuirent au camp de César, qui se servit de cette fuite des tribuns pour justifier devant ses soldats l'invasion de l'Italie (*ad Fam.*, XVI, 11).

2. Quand un magistrat sortait de de ses attributions, ou faisait un abus d'autorité, *circumscribebatur*, il était ramené dans les limites de son pouvoir, rappelé en quelque sorte à l'ordre. Entre tous les magistrats, le tribun était le seul contre qui, légalement, il n'y eût pas de *circumscriptio*.

3. Quand l'attribut est un substantif, le pronom sujet s'accorde toujours avec lui. *Phil.*, V, 39 : *Pompeio patre*, quod *imperio populi Romani* lumen *fuit*, *exstincto*. Virg., *Æn.*, I :

Scilicet is superis labor est.

4. Servilius Isauricus, L. Volcatius, Ser. Sulpicius restèrent en Italie.

5. « Inusitata sunt prisca fere ac vetustate ab usu quotidiani sermonis jamdiu intermissa quæ sunt poetarum licentiæ liberiora quam nostræ : sed tamen raro habet etiam in oratione poeticum aliquod verbum dignitatem. Neque enim illud fugerim dicere..... nec *prolem*, aut *sobolem*, aut *effari* aut *nuncupare*..... et alia multa quibus loco positis grandior atque antiquior oratio sæpe videri solet. » (*De Orat.*, III, 153.)

6. Dém., *Pro Corona* : ὁ γὰρ τὸ σπέρμα παρασχὼν οὗτος τῶν φύντων κακῶν αἴτιος.

fuisti. Doletis tres[1] exercitus populi Romani interfectos : interfecit Antonius. Desideratis clarissimos[2] cives : eos quoque nobis eripuit Antonius. Auctoritas hujus ordinis adflicta est : adflixit Antonius. Omnia denique, quæ postea vidimus, — quid autem mali non vidimus? — si recte ratiocinabimur, uni accepta referemus Antonio. Ut Helena Trojanis, sic iste huic rei publicæ belli causa, causa pestis atque exitii fuit. Reliquæ partes tribunatus principii similes. Omnia perfecit, quæ senatus salva re publica ne fieri possent perfecerat. Cujus tamen scelus in scelere cognoscite.

XXIII. 56. Restituebat multos calamitosos. In iis patrui[3] nulla mentio. Si severus, cur non in omnes? Si misericors, cur non in suos? Sed omitto ceteros. Licinium Denticulam de alea condemnatum[4], collusorem suum, restituit, quasi vero ludere cum condemnato non liceret : sed ut, quod in alea perdiderat, beneficio legis dissolveret[5]. Quam attulisti rationem populo Romano cur eum restitui oporteret? Absentem, credo, in reos relatum : rem indicta causa judicatam : nullum fuisse de alea lege judicium : vi oppressum et armis :

1. Les armées battues à Pharsale, à Munda, à Thapsus.

2. Pompée, Cn. Pompée, Caton, Scipion, Lentulus, Afranius, etc. — Peut-être faut-il lire *ereptos vobis*, au lieu de *eos quoque nobis*.

3. C. Antonius, fils de l'orateur, collègue de Cicéron dans le consulat en 691. Chassé du sénat en 696. Accusé de concussion par Cœlius, il fut condamné en réalité sur le soupçon d'avoir favorisé Catilina.

4. Il y avait contre les jeux de hasard (jeu de dés) les lois Titia Publicia et Cornelia. *Senatus consultum vetuit in pecuniam ludere, prætterquam si quis certet hasta vel pilo jaciendo, vel currendo, saliendo, luctando, pugnando, quod virtutis causa fiat.* (*Dig.*, IX, t. V, *de Aleat.*) Quiconque tenait une maison de jeu ou faisait jouer chez lui perdait les droits de citoyen. Plaute, *Mil. glor.*, I, 3 :

... ut ne legi fraudem faciam talariæ.

Cependant à la fin de la république et sous l'empire la fureur du jeu devint incroyable. La basilique Julia sur le forum fut depuis César jusqu'à la fin de l'empire le rendez-vous des joueurs, qui y ont laissé leurs traces. « Le dallage de marbre est rayé d'une multitude de cercles ou de carrés traversés d'ordinaire par des lignes droites, qui les divisent en compartiments séparés. C'étaient des espèces de damiers qui servaient aux Romains pour leurs jeux. ... Quelques-unes de ces figures... portent des inscriptions anciennes. En voici une, qu'on a lue à la basilique Julienne : *Vincis, gaudes : perdes, plangis.* » (Boissier, *Prom. archéol.*, p. 28.)

5. En le payant par ce décret de réhabilitation, — *Dissolvere* est le mot propre qui signifie payer une dette.

postremo, quod de patruo tuo dicebatur, pecunia judicium esse corruptum? Nihil horum. At vir bonus et re publica dignus. Nihil id quidem ad rem : ego tamen, quoniam condemnatum esse pro nihilo est, ita ignoscerem. Hominem omnium nequissimum, qui non dubitaret vel in foró alea ludere, lege, quæ est de alea, condemnatum qui in integrum restituit, is non apertissime studium suum ipse profitetur? 57. In eodem vero tribunatu, quum Cæsar in Hispaniam proficiscens huic conculcandam Italiam tradidisset, quæ fuit ejus peragratio itinerum, lustratio municipiorum! Scio me in rebus celebratissimis omnium sermone versari, eaque, quæ dico dicturusque sum, notiora esse omnibus, qui in Italia tum fuerunt, quam mihi, qui non fui [1]. Notabo tamen singulas res : etsi nullo modo poterit oratio mea satis facere vestræ scientiæ. Etenim quod umquam in terris tantum flagitium exstitisse auditum est? tantam turpitudinem? tantum dedecus?

XXIV. 58. Vehebatur in essedo [2] tribunus plebis : lictores laureati [3] antecedebant : inter quos aperta lectica mima [4] portabatur : quam ex oppidis municipales,

1. Cicéron quitta l'Italie le 7 juin 705; il y revint au commencement de novembre 706.

2. L'*esseda* ou *essedum* était une voiture découverte à deux roues, ouverte par devant et fermée par derrière, attelée de deux chevaux. Elle était d'origine gauloise. — La *rheda*, également gauloise, était une espèce de char à bancs couvert, à quatre roues.

> Tota domus rheda componitur una.
>
> (Juv., III, 10.)

3. Les tribuns n'avaient pas droit à un seul licteur. César donna des licteurs à Curion et à Antoine, et il fit orner les faisceaux de lauriers en signe de victoire.

4 Cytheris. *Cytherida mimam secum ectica aperta portat alteram uxorem* (*Ad Att.*, XV, 22). — Cytheris était une affranchie de Volumnius Eutrapelus, ami d'Antoine et de Cicéron, et dont parle Horace (*Sat.*, I, 18, 31). De là son nom de Volumnia : Cytheris est un nom de théâtre. En janvier ou février 704, Cicéron dina chez Volumnius avec Atticus, Verrius et Cytheris. Il s'en excuse à Pœtus (*Ad Fam.*, IX, 25). Elle était mime, et chanta sur la scène quelques églogues de Virgile. Quelques années plus tard, en 716, elle abandonna Gallus : de là la 10ᵉ églogue de Virgile, où Cytheris figure sous le nom de Lycoris. — Au lieu de *lenonibus* on a voulu lire *leonibus*, à tort. — Antoine (*Vel.*, II, *Dion*, 48) se faisait appeler *Liber pater* et s'habillait parfois en Bacchus, avec le thyrse et le cothurne. Plutarque et Pline nous apprennent qu'il se montra avec Cytheris dans un char traîné par des lions. Cicéron y fait allusion (*Ad Att.*, X, 13, 1 : *Tu Antonii leones pertimescas cave*). Cytheris

homines honesti, obviam necessario prodeuntes, non noto illo et mimico nomine, sed Volumniam consalutabant. Sequebatur rheda cum lenonibus, comites nequissimi, rejecta mater[1] amicam impuri filii tamquam nurum sequebatur. O miseræ mulieris fecunditatem calamitosam! Horum flagitiorum iste vestigiis omnia municipia, præfecturas, colonias, totam denique Italiam impressit.

59. Reliquorum factorum ejus, patres conscripti, difficilis est sane reprehensio et lubrica. Versatus in bello est : saturavit se sanguine dissimillimorum sui civium: felix fuit, si potest ulla in scelere esse felicitas. Sed quoniam veteranis cautum esse volumus, quamquam dissimilis est militum causa et tua, — illi secuti sunt : tu quæsisti ducem, — tamen, ne apud illos me in invidiam voces, nihil de genere belli dicam. Victor e Thessalia Brundisium cum legionibus revertisti. Ibi me non occidisti : magnum beneficium! Potuisse enim fateor. Quamquam nemo erat eorum, qui tum tecum fuerunt, qui mihi non censeret parci oportere. 60. Tanta est enim caritas patriæ, ut vestris etiam legionibus sanctus essem, quod eam a me servatam esse meminissent. Sed fac id te dedisse mihi, quod non ademisti[2], meque a te habere vitam, quia non a te sit erepta : licuitne mihi per tuas contumelias hoc tuum beneficium sic tueri, ut tuebar, præsertim cum te hæc auditurum videres?

XXV. 61. Venisti Brundisium, in sinum quidem et in complexum tuæ mimulæ. Quid est? Num mentior? Quam miserum est id negare non posse, quod sit turpissimum confiteri! Si te municipiorum non pudebat, ne veterani quidem exercitus? Quis enim miles fuit qui Brundisii illam non viderit? quis qui nescierit venisse

figurait peut-être Ariane dans cette mascarade.

1. Julia.

2. Sen., *De Benef.*, II, 12 : « Cæsar dedit vitam Pompeio Penno, si dat, qui non aufert. » — Cf. plus haut.

eam tibi tot dierum[1] via gratulatum? quis qui non indoluerit tam sero se quam nequam hominem secutus esset cognoscere? 62. Italiæ rursus percursatio eadem comite mima : in oppida militum crudelis et misera deductio[2] : in urbe auri, argenti, maximeque vini fœda direptio. Accessit ut Cæsare ignaro, quum esset ille Alexandreæ, beneficio amicorum ejus magister equitum constitueretur. Tum existimavit se suo jure cum Hippia[3] vivere et equos vectigales[4] Sergio mimo tradere. Tum sibi non hanc[5], quam nunc male tuetur, sed M. Pisonis domum ubi habitaret legerat. Quid ego istius decreta, quid rapinas, quid hereditatum possessiones datas, quid ereptas proferam? Cogebat egestas : quo se verteret non habebat : nondum ei tanta a L. Rubrio, non a L. Turselio hereditas venerat : nondum in Pompeii locum multorumque aliorum, qui aberant, repentinus heres successerat. Erat ei vivendum latronum ritu, ut tantum haberet, quantum rapere potuisset.

63. Sed hæc, quæ robustioris improbitatis sunt, omittamus : loquamur potius de nequissimo genere le-

1. Horace fit le trajet de Rome à Brindes en quinze jours. On en mettait quatorze ordinairement. Il y avait trois cent cinquante milles. On suivait la voie Appienne par Formies, Sinuesse, Capoue, Bénévent. (Abram.)

2. Ce mot désigne l'établissement des colonies romaines. Cf. *Inscr. d'Ancyre*.

3. *Hippia*, de ἵππος. De là, la plaisanterie, *suo jure*, en qualité de *magister equitum*. Juvénal (*Sat.*, X) emprunte à Cicéron les noms de Sergius et d'Hippia. Il fait d'Hippia une femme, une matrone. Plutarque en fait un mime qu'il nomme Hippias (*Ant.*, 9). Plutarque, qui paraît n'avoir pas d'autre source ici que la deuxième Philippique, peut avoir mal interprété Cicéron, qui ne nous dit pas qui est cet Hippias ou Hippia.

4. Ce passage a embarrassé les commentateurs. On ne sait ce que sont ces *vectigales equi*. On y a vu des chevaux envoyés à Rome par les provinces tributaires pour servir aux chevaliers qui avaient l'*equus publicus*. Antoine en disposait comme maître de la cavalerie. — Ou bien ce sont des chevaux de course. « Hoc sic accipio Antonium equos quatuor factionum quibus vectigal erat impositum nulla pecunia Sergio locaturum. Quod autem ii penderent vectigal declarat Asconius, cujus verba subscripsi : *Diximus jam supra, Sullæ ludis quos propter victoriam fecerat, quadrigas C. Antonium et alios quosdam nobiles homines agitasse. Præterea Antonius redemptas habebat ab ærario vectigales quadrigas: quam redemptionem senatori habere liceret per legem.* » (Ferrarius.)

5. La maison de Pompée. — *M. Pisonis*, sans doute M. Pupius Piso Calpurnianus, consul en 693, mort avant 709.

vitatis. Tu istis faucibus[1], istis lateribus, ista gladiatoria totius corporis firmitate tantum vini in Hippiæ nuptiis exhauseras, ut tibi necesse esset in populi Romani conspectu vomere postridie[2]. O rem non modo visu fœdam, sed etiam auditu ! Si inter cœnam in ipsis tuis immanibus illis poculis hoc tibi accidisset, quis non turpe duceret ? In cœtu vero populi Romani negotium publicum gerens, magister equitum, cui ructare turpe esset, is vomens frustis esculentis vinum redolentibus gremium suum et totum tribunal implevit[3]. Sed hæc ipse fatetur esse in suis sordibus : veniamus ad splendidiora.

XXVI. 64. Cæsar Alexandrea se recepit, felix, ut sibi quidem videbatur : mea autem sententia, qui rei publicæ sit hostis, felix esse nemo potest. Hasta[4] posita pro æde Jovis Statoris[5] bona subjecta Cn. Pompeii — miserum me! consumptis enim lacrimis tamen infixus hæret animo dolor — bona[6], inquam, Cn. Pompeii

1. « Quint., IX, 4, 23 : Augeri enim debent sententiæ, et insurgere, ut optime Cicero : *Tu*, inquit, *istis... firmitate*. Aliud enim majus alio supervenit. At si cœpisset a toto corpore, non bene ad latera faucesque descenderet. — VIII, 4, 16 : Objecturus Antonio Cicero merum et vomitum, *Tu*, inquit, *istis... firmitate*. Quid fauces et latera ad ebrietatem ? Minime sunt otiosa. Nam respicientes ad hæc possumus æstimare, quantum ille vini in Hippiæ nuptiis exhauserit, quod ferre et concoquere non posset illa corporis gladiatoria firmitate. » (Mayer.)

2. « Quint., IX, 4, 29 : Sæpe tamen est vehemens aliquis sensus in verbo : quod si in media parte sententiæ latet, transire intentionem et obscurari circumjacentibus solet ; in clausula positum assignatur auditori, et infigitur : quale illud est Ciceronis, *Ut tibi... postridie*. Transfer hoc ultimum, minus valebit. Nam totius ductus hic est quasi mucro, ut per se fœdæ vomendi necessitati, jam nihil ultra exspectantibus, hanc quoque adjiceret deformitatem, ut cibus teneri non posset postridie. » (Mayer.)

3. Quintilien, VIII, 4, 8 : « Singula incrementum habent. Per se deforme vel non in cœtu vomere : in cœtu etiam non populi : populi, etiam non Romani : vel si nullum negotium ageret : vel si non publicum : vel si non magister equitum. Sed alius divideret hæc, et circa singulos gradus moraretur. Hic in sublime etiam currit, et ad summum pervenit, non nisu, sed impetu. » — VIII, 6, 68 : « Fit (hyperbole) pluribus modis. Aut enim plus facto dicimus : *Vomens... implevit*, etc. »

4. C'était le signe de la vente à l'enchère, probablement parce qu'à l'origine on vendait ainsi le butin pris sur l'ennemi.

5. Le temple de Jupiter Stator était à l'extrémité du Forum, à l'endroit où les Sabins avaient été arrêtés, au pied du Palatin. Il reste sur le Forum aujourd'hui trois colonnes ayant appartenu à ce temple, ou selon quelques archéologues, à la Græcostasis.

6. Pompée possédait : plusieurs maisons à Rome, dont une qu'il habitait, et Antoine après lui, bâtie en 701 près du temple de Tellus, au bord

Magni voci acerbissimæ subjecta præconis. Una in illa re servitutis oblita civitas ingemuit servientibusque animis, cum omnia metu tenerentur[1], gemitus tamen populi Romani liber fuit. Exspectantibus omnibus quisnam esset tam impius, tam demens, tam dis hominibusque hostis, qui ad illud scelus sectionis[2] auderet accedere, inventus est nemo præter Antonium, præsertim cum tot essent circum hastam illam, qui alia omnia auderent : unus inventus est qui id auderet, quod omnium fugisset et reformidasset audacia. 65. Tantus igitur te stupor oppressit vel, ut verius dicam, tantus furor, ut primum, cum sector sis isto loco natus, deinde cum Pompeii sector, non te exsecratum populo Romano, non detestabilem, non omnes tibi deos, non omnes homines et esse inimicos et futuros scias? At quam insolenter statim helluo[3] invasit in ejus viri fortunas, cujus virtute terribilior erat populus Romanus exteris gentibus, justitia carior?

XXVII. In ejus igitur viri copias cum se subito ingurgitasset, exsultabat gaudio persona de mimo[4] modo

de la voie Sacrée, dans le quartier dit *Carinæ*; — des jardins sur la rive droite du Tibre, au pied du Janicule, à côté des jardins de César; et d'autres au Champ de Mars près de son théâtre. Des villas à Naples, à Cumes, à Tusculum, à Albe, à Formies; des terres à Falerne et en Lucanie.

1. Le déclamateur Haterius (Sen. rhet., p. 218 *Bip.*) applique cette phrase à Cicéron lui-même : *Proposito in rostris capite Ciceronis, cum unius metu omnia tenerentur, gemitus tamen populi liber fuit.* (Wernsdorff.)

2. On appelle *sectio* (*secare*) l'achat d'une propriété vendue à l'enchère; *sector*, l'acquéreur de biens vendus à l'encan. Ces deux mots s'appliquent surtout aux biens confisqués. Ascanius et Nonius Marcellus dérivent ces mots de *sequi* et non de *secare*. Au reste *sequi* et *secare* ont une même racine. — Cicéron joue ailleurs sur le double sens de *sector* : *Nescimus per ista tempora eosdem fere sectores fuisse colorum et bonorum?* (*Pro Rosc. Am.* XXIX, 80.)

3. Festus : *heluo dicitur immoderate bona sua consumens, ab eluendo.*

4. *Mimus, embolium, exodium* : c'est une comédie, ou farce, très gaie et très libre. Diomède: *Mimus est sermonis cujuslibet motus sine reverentia, vel factorum et turpium cum lascivia imitatio.* Le mime est un spectacle très ancien en Italie. Les acteurs (*mimi, planipedes*) s'abandonnèrent à des personnalités, qui, dit-on, les firent bannir de Rome par les censeurs vers 639. Cicéron parle d'un vieux mime très gai intitulé le *Tuteur*. Le mime prit un grand développement à la fin de la république avec Laberius et Publilius Syrus, qui y mirent des maximes morales, et il fut sous l'empire avec la pantomime le seul genre dramatique en vogue. Le mime, comme la *comœdia togata* et

egens, repente dives. Sed, ut est apud poetam nescio quem, *male parta male dilabuntur*[1]. 66. Incredibile ac simile portenti est, quonam modo illa tam multa quam paucis non dico mensibus, sed diebus effuderit. Maximus vini numerus[2] fuit, permagnum optimi pondus argenti, pretiosa vestis, multa et lauta supellex et magnifica multis locis, non illa quidem luxuriosi hominis, sed tamen abundantis[3]. Horum paucis diebus nihil erat. 67. Quæ Charybdis[4] tam vorax? Charybdim dico? quæ si fuit, animal unum fuit : Oceanus, medius fidius, vix videtur tot res tam dissipatas, tam distantibus in locis positas tam cito absorbere potuisse. Nihil erat clausum[5], nihil obsignatum, nihil scriptum. Apothecæ[6] totæ nequissimis hominibus condonabantur. Alia mimi rapiebant, alia mimæ : domus erat aleatoribus referta, plena ebriorum : totos dies potabatur atque id locis pluribus : suggerebantur etiam sæpe — non

l'Atellane, est une représentation comique et souvent grossière des mœurs populaires et provinciales. Les enlèvements, séductions, duperies de pères et de tuteurs y jouent un grand rôle. On a conservé les titres de plusieurs mimes : *Aquæ Caldæ*, *Compitalia*, *Augur*, *Fullo*, *Piscator*, *Virgo*, *Nuptiæ*, *Hetæra*. Le *Laureolus* fut fameux sous l'empire : ce sont les aventures d'un bandit, qui finit par être mis en croix. La mythologie donne lieu à des parodies très libres : Hercule affamé, le testament de feu Jupiter, Paris et Œnone, Leda, etc. Un des acteurs est le *gracioso*, le *stupidus*, dont la tête est rasée. Les rôles de femmes étaient tenus par des femmes : Arbuscula, Cytheris, Dionysia, Origo, etc., furent célèbres. Les hommes portaient une toge bigarrée et étaient *excalceati*; les femmes étaient gaiement et peu vêtues. Ces acteurs jouaient sans masques : ils étaient les plus méprisés de tous.

1. Vers de Nævius.

2. On dit *numerus vini*, *frumenti*, *olei*, *fici*, et ainsi de tous les produits dont la quantité s'évalue au moyen des mesures de capacité.

3. La maison de Pompée était relativement modeste. Il n'avait pas de luxe pour le temps. En 715 Sex. Pompeus reçut une indemnité de 17 millions 1/2 de drachmes pour la perte de son patrimoine.

4. *De Orat.*, III, 101. Videndum est ne longe simile sit dictum. *Syrtim patrimonii*, *scopulum* libentius dixerim : *Charybdim bonorum*, *voraginem* potius. — Mais Cicéron ici fait une comparaison et non une métaphose.

5. *Clausum*, fermé par un verrou ; *obsignatum*, mis sous scellé ; *scriptum*, inventorié.

6. Chambres où on mettait le vin dans des amphores pour le faire vieillir : *quæ superponebantur iis locis unde plerumque fumus exoritur* (par ex. les bains), *quoniam vina celerius vetutescunt*, *quæ fumi quodam tenore præcoquia maturitatem trahunt*. (Col., I, 6, 20.) Pline blâme ce procédé pour donner aux vins une vieillesse artificielle. On mettait les meilleurs vins dans ces *apothecæ*, et dans des amphores, les vins ordinaires dans les caves, *cellæ vinariæ*, et dans des *dolia*. — Hor., *Odes*, III, 8, 11 : *amphoræ fumum bibere institutæ*.

enim semper iste felix — damna aleatoria. Conchyliatis[1] Cn. Pompeii peristromatis[2] servorum in cellis lectos stratos videres. Quam ob rem desinite mirari hæc tam celeriter esse consumpta. Non modo unius patrimonium quamvis amplum, ut illud fuit, sed urbes et regna celeriter tanta nequitia devorare potuisset. At idem ædes etiam et hortos. 68. O audaciam immanem! tu etiam ingredi illam domum ausus es? tu illud sanctissimum limen intrare? tu illarum ædium dis penatibus os impurissimum ostendere? Quam domum aliquamdiu nemo aspicere poterat, nemo sine lacrimis præterire, hac te in domo tam diu deversari[3] non pudet? in qua, quamvis nihil sapias, tamen nihil tibi potest esse jucundum.

XXVIII. An tu, illa in vestibulo[4] rostra cum aspexisti, domum tuam te introire putas? Fieri non potest. Quamvis enim sine mente, sine sensu sis, ut es, tamen et te et tuos nosti. Nec vero te umquam neque vigilantem neque in somnis credo posse mente consistere. Necesse est, quamvis sis, ut es, vinolentus et furens, quum tibi objecta sit species singularis viri, perterritum te de somno excitari, furere etiam sæpe vigilantem. 69. Me quidem miseret parietum ipsorum atque tectorum[5].

1. Quint., VIII, 4, 25 : « Quid? M. Tullius de M. Antonii luxuria tantum fingere saltem potuisset quantum ostendit dicendo : *Conchyliatis . . . videres?* Conchyliata peristromata et Cn. Pompeii terunt servi, et in cellis : nihil dici potest ultra et necesse est tamen infinito plus in domino cogitare. »

2. On dit ainsi à l'ablatif *poematis*, *epigrammatis*, *peripetasmatis*, etc. Les grammairiens citent même *poematorum* de Cicéron. (*Pro Gallio*, fragment.)

3. Ce mot, signifiant *loger dans une auberge*, indique qu'Antoine n'est pas chez lui.

4. Le *vestibulum* était l'espace enfermé entre les deux ailes de la maison, dont le corps de logis principal est en retrait : c'était une sorte de cour d'entrée. — *Rostra*. Les éperons de vaisseaux pris sur les pirates. Plin., XXXV, 2 : *Foris et circa limina domitarum gentium imagines erant, quæ nec emptori refigere liceret, triumphabantque etiam dominis mutatis ipsæ domus.*—Virg., *Æn.*, VII, 183, parlant de la maison de Latinus :

Multaque præterea sacris in postibus arma....
Spiculaque, clypeique, ereptaque rostra carinis.

5. *De Orat.*, III, 168 : *Videtis profecto genus hoc totum : cum inflexo commutatoque verbo res eadem enuntiatur ornatius : cui sunt finitima illa minus ornata, sed tamen non ignoranda, cum intelligi volumus aliquid aut ex parte totum, ut pro* ædificiis *cum* parietes *aut* tecta *diximus*, etc.

Quid enim umquam domus illa viderat nisi pudicum? quid nisi ex optimo more et sanctissima disciplina? Fuit enim ille vir, patres conscripti, sicuti scitis, cum foris clarus tum domi admirandus neque rebus externis magis laudandus quam institutis domesticis : hujus in sedibus pro cubiculis stabula, pro tricliniis popinæ sunt[1]. Etsi jam negat. Nolite quærere. Frugi factus est. Illam suam suas res[2] sibi habere jussit, ex duodecim tabulis claves ademit, exegit. Quam porro spectatus civis, quam probatus! cujus ex omni vita nihil est honestius quam quod cum mima fecit divortium. 70. At quam crebro usurpat : *et consul et Antonius?* hoc est dicere, et consul et impudicissimus, et consul et homo nequissimus. Quid est enim aliud Antonius? Nam si dignitas significaretur in nomine, dixisset, credo, aliquando avus tuus se et consulem et Antonium. Numquam dixit. Dixisset etiam collega meus, patruus tuus, nisi si[3] tu es solus Antonius. Sed omitto ea peccata, quæ non sunt earum partium propria, quibus tu rem publicam vexavisti : ad ipsas tuas partes redeo, id est ad civile bellum, quod natum, conflatum, susceptum opera tua est.

XXIX. 71. Cui bello cum propter timiditatem[4] tuam tum propter libidines defuisti? Gustaras civilem sanguinem vel potius exsorbueras : fueras in acie Pharsa-

1. Imité par Spartien, *Pesc. Nig.*, 3 : *Pro tricliniis popinas habent, pro cubiculis meritoria.*

2. Formule romaine du divorce. Alcmène dans Plaute (*Amph.*, III, 2, 47) : « Valeas, tibi habeas res tuas, reddas meas. » Gaius, *Dig.*, 24, t. II, l. 2 : *In repudiis, id est renuntiatione, comprobata sunt hæc verba : tuas res tibi habeto; item hæc : tuas res tibi agito.* — *Ademit* : retirer les clefs de la maison, qui sont le signe de l'autorité domestique de la femme. — C'est par ironie que Cicéron applique les formules du divorce à la rupture d'Antoine et de Cytheris, comme il l'a appelée plus haut *uxor*.

3. Hand. Tursellinus, 239 : *Nisi si fere idem est quod nisi forte : et cum ironia dictum.* *Nisi si* s'emploie souvent comme *nisi forte* dans le cas d'une supposition tout à fait improbable et que l'on donne pour telle. Ovid., *Met.*, V, 614 :

> Vidi præcedere longam
> Ante pedes umbram, nisi si timor illa videbat.

Ter., *Eun.*, IV, 3, 20 : « Nisi si domum forte ad vos rediit. »
Cic., *Brut.*, 16, 61 : « Cujus quidem scripta præferenda putem, nisi si quem Appii Cæci oratio et nonnullæ laudationes forte delectant. »

4. Reproche invraisemblable.

lica antesignanus[1] : L. Domitium[2], clarissimum et nobilissimum virum, occideras, multosque præterea, qui e prœlio effugerant, quos Cæsar, ut non nullos, fortasse servasset, crudelissime persecutus trucidaras. Quibus rebus tantis talibus gestis quid fuit causæ cur in Africam Cæsarem non sequerere, cum præsertim belli pars tanta restaret? Itaque quem locum apud ipsum Cæsarem post ejus ex Africa reditum obtinuisti ? quo numero[3] fuisti ? Cujus tu imperatoris quæstor fueras, dictatoris magister equitum, belli princeps, crudelitatis auctor, prædæ socius, testamento, ut dicebas ipse, filius[4], appellatus es de pecunia[5], quam pro domo, pro hortis, pro sectione debebas. 72. Primo respondisti plane ferociter et, ne omnia videar contra te, prope modum æqua et justa dicebas. A me C. Cæsar pecuniam ? cur potius quam ego ab illo ? an sine me ille vicit ? At ne potuit quidem. Ego ad illum belli civilis causam attuli, ego leges perniciosas[6] rogavi, ego arma contra consules imperatoresque populi Romani, contra senatum populumque Romanum, contra deos patrios arasque et focos, contra patriam tuli. Num sibi soli vicit ? Quorum facinus est commune, cur non sit eorum præda communis ? Jus postulabas : sed quid ad rem ? Plus ille poterat. 73. Itaque excussis[7] tuis vocibus et ad te et ad prædes[8] tuos milites misit, cum re-

1. Soldat qui combat *ante signa*. Antoine commandait l'aile gauche, à Pharsale, Domitius Calvinus le centre, César l'aile droite.

2. Cf. XI, 27.

3. Quel rang as-tu tenu? Quel compte César a-t-il fait de toi ? *Phil.*, III, 6, 16 : *Bambalio quidem pater, homo nullo numero*. En grec : ἐν ἀριθμῷ εἶναι.

4. En qualité d'*hæres secundus*. Appien, *B. C.*, II, 113. D. Brutus était inscrit sur le testament de César : ἐγέγραπτο παῖς.

5. Plutarque parle aussi d'un refroidissement survenu entre César et Antoine, et lui donne la même cause. —*Appellatus*, sommé, mis en demeure; le mot est plus fort qu'*admonere*.

6. La loi qui ordonnait à Pompée et à César de déposer tous les deux les armes, et de se démettre ensemble du commandement.

7. Cic., *Pro Sulla* : *Excutiet tibi istam verborum jactationem*. Tibulle :

Magna loquor : sed magnifice mihi magna locuto
Excutiunt clausæ fortia verba fores.

8. Pseudo-Asc., *Ad. Verr.*, I. 141-42 : *Prædia sunt res ipsæ, prædes homines, id est fidejussores, quorum res bona prædia non uno nomine dicuntur*.

pente a te præclara illa tabula[1] prolata est. Qui risus hominum! tantam esse tabulam, tam varias, tam multas possessiones, ex quibus præter partem Miseni nihil erat quod is, qui auctionaretur, posset suum dicere. Auctionis vero miserabilis aspectus : vestis Pompeii non multa eaque maculosa, ejusdem quædam argentea vasa collisa, sordidata mancipia, ut doleremus quidquam esse ex illis reliquiis quod videre possemus. 74. Hanc tamen auctionem heredes L. Rubrii decreto Cæsaris prohibuerunt[2]. Hærebat nebulo : quo se verteret non habebat. Quin his ipsis temporibus domi Cæsaris percussor ab isto missus deprehensus dicebatur esse cum sica. De quo Cæsar in senatu aperte in te invehens questus est. Proficiscitur in Hispaniam[3] Cæsar paucis tibi ad solvendum propter inopiam tuam prorogatis diebus. Ne tum quidem sequeris. Tam bonus gladiator rudem[4] tam cito[5]? Hunc igitur quisquam, qui in suis fortunis, tam timidus fuerit, pertimescat?

XXX. 75. Profectus est aliquando tandem in Hispaniam : sed tuto, ut ait, pervenire non potuit. Quonam modo igitur Dolabella[6] pervenit? Aut non suscipienda fuit ista causa, Antoni, aut, quum suscepisses, defendenda usque ad extremum. Ter depugnavit Cæsar cum civibus, in Thessalia, Africa, Hispania. Omnibus adfuit

1. L'affiche énumérant les biens mis en vente. *Libelli in celeberrimis locis proponuntur.* (*Pro Quinctio.*)

2. Parce qu'ils avaient des prétentions aux biens de Rubrius compris dans la vente annoncée.

3. En 708.

4. *Rudis.* Baguette que recevaient les gladiateurs en prenant leur congé. Hor., *Ep.*, I, 1 :

Spectatum satis et donatum jam rude quæris,
Mæcenas, iterum antiquo me includere ludo.

5. Sur la suppression du verbe. Madvig (*Opusc.*, I, 205): « Habet hic locus imitationem familiaris percontationis et sermocinationis, in qua in vehementia aliqua oratoris (ut in admiratione) ex simplici sententiæ forma non rara est hujusmodi verbi, facile ex rei natura intelligendi, omissio, velut in hoc ipso capite, § 72 : *A me C. Cæsar pecuniam?* »

6. P. Cornelius Dolabella quindecemvir en 705. Consul en 710, après le meurtre de César. Quitté par Fabia, il épousa Tullia. qui se sépara de lui en 707 et 709. Il se brouilla avec son beau-père. C'était un homme au reste peu recommandable. Il prit le parti de César, assassina Trébonius en 711, pilla l'Asie et guerroya contre Cassius. *Duo hæc capita nata sunt post homines natos teterrima et spurcissima Dolabella et Antonius.* (*Phil.*, XI, 1, 1.) — Cf. *ad Att.*, XVI, 11, 2. — Etant tribun, il essaya de faire abolir les dettes, il en était couvert.

his pugnis Dolabella : in Hispaniensi etiam vulnus accepit. Si de meo judicio quæris, nollem. Sed tamen consilium a primo reprehendendum, laudanda constantia. Tu vero quid es ? Cn. Pompeii liberi [1] tum primum patriam repetebant. Esto : fuerit hæc partium causa communis. Repetebant præterea deos patrios [2], aras [3], focos, larem [4] suum familiarem, in quæ [5] tu invaseras. Hæc quum peterent armis ii, quorum erant legibus, etsi in rebus iniquissimis quid potest esse æqui ? tamen quem erat æquissimum contra Cn. Pompeii liberos pugnare, quem ? Te, sectorem. 76. An cum tu Narbone mensas hospitum convomeres, Dolabella pro te in Hispania dimicaret ?

Qui vero Narbone reditus ! Etiam quærebat cur ego ex ipso cursu tam subito [6] revertissem. Exposui nuper, patres conscripti, causam reditus mei. Volui, si possem, etiam ante Kalendas Januarias prodesse rei publicæ. Nam, quod quærebas, quo modo redissem, primum luce [7], non tenebris : deinde cum calceis et toga, nullis nec gallicis [8] nec lacerna. At etiam aspicis

1. Cn. Pompeius, tué en Espagne en 709. — Sex. Pompéius, qui combattit en Espagne et en Afrique, et plus tard contre Octave.

2. Les Pénates, dieux de la famille et du foyer. *Verr.*, IV, 8, 17 : « Deos penates te patrios reposcit. » Il ne s'agit pas là des dieux de la patrie.

3. Les autels domestiques. Chaque famille avait sa religion et son culte.

4. Le *Lar familiaris* est l'âme du *pater familias* qui continue après la mort d'habiter le foyer et de protéger la maison.

5. *Quæ* est au neutre, bien que tous les antécédents soient masculins ou féminins : « Labor et voluptas dissimillima natura. » (Tite-Live.)

6. Après la mort de César, Cicéron quitta Rome, parcourut ses villas, écrivit ses traités *de Natura Deorum*, *de Divinatione*, *de Fato*, *de Amicitia*, *de Senectute*, *de Gloria*, et commença le *de Officiis*. Il résolut d'aller en Grèce, s'embarqua à Vélie, écrivit en mer les *Topiques* et arriva à Syracuse aux calendes de Juillet. Il en partit le lendemain, les vents le jetèrent à Leucopetra, près de Rhégium. Là il apprit qu'Antoine allait se soumettre à l'autorité du Sénat, que les meurtriers de César allaient rentrer à Rome, et qu'on blâmait son absence. Renonçant à son voyage, il revint aussitôt à Rome. — *Nuper.* Il s'est expliqué sur ce retour. (*Phil.*, I, 1, 1, sqq.) — Cf. Introd.

7. Ablatif de temps. *Luce* est très fréquent. Tite-Live, XXXVIII, 36, 4 : *Luce inter horam tertiam ferme et quartam.* — *Tenebris* est plus rare. Tib., II, 1, 76 :

Ad juvenem tenebris sola puella venit.

8. Sandales. Les délicats trouvaient les *calcei* et la toge gênants et incommodes. Aulu-Gelle (XIII, 21) : « Cum me forte præsente (T. Castricius), usus enim sum eo magistro, discipulos quosdam suos senatores vidisset die feriato tunicis et lacernis indutos et gallicis calceatos, « Equidem, inquit, maluis-

me et quidem, ut videris, iratus. Ne tu jam mecum in gratiam redeas, si scias quam me pudeat nequitiæ tuæ, cujus te ipsum non pudet. Ex omnium omnibus flagitiis nullum turpius vidi, nullum audivi. Qui magister equitum fuisse tibi viderere, in proximum annum consulatum peteres vel potius rogares, per municipia coloniasque Galliæ, e qua nos tum, quum consulatus petebatur, non rogabatur [1], petere consulatum solebamus, cum gallicis et lacerna [2] cucurristi.

XXXI. 77. At videte levitatem hominis. Cum hora diei decima [3] fere ad Saxa rubra venisset, delituit in quadam cauponula atque ibi se occultans perpotavit ad vesperam : inde cisio [4] celeriter ad urbem advectus, domum venit capite obvoluto. Janitor : *Quis tu?* — *A Marco tabellarius.* Confestim ad eam [5], cujus causa venerat, deducitur eique epistolam tradidit. Quam cum illa legeret flens — erat enim scripta amatorie : caput autem litterarum sibi cum illa mima posthac nihil futurum : omnem se amorem abjecisse illim [6] atque in hanc transfudisse — cum mulier fleret uberius, homo

sem vos togatos esse : pigitum est, cinctos saltem esse et pænulatos. Sed si hic vester hujusmodi vestitus de multo jam usu ignoscibilis est, soleatos tamen vos, populi Romani senatores, per urbis vias ingredi nequaquam decorum est, non hercle vobis minus, quam illi tum fuit, cui hoc M. Tullius pro turpi crimine objectavit. » Omnia enim ferme id genus, quibus plantarum calces tantum infimæ teguntur, cetera prope nuda et teretibus habenis vincta sunt, *soleas* dixerunt, nonnumquam Græca voce *crepidulas*. *Gallicas* autem verbum esse opinor novum non diu ante ætatem M. Ciceronis usurpari cœptum, itaque ab eo ipso positum est in secunda Antonianarum. » — Cic., *Pro Rabir. Post.*, 25, défend Rabirius d'avoir quitté la toge en Égypte par nécessité, alléguant l'exemple de jeunes gens nobles et des sénateurs qui la quittent en pleine ville de Naples, *deliciarum causa et voluptatis*. Il ajoute : *L. vero Scipionis qui bellum in Asia gessit Antiochumque devicit, non solum cum chlamyde, sed etiam cum crepidis in Capitolio statuam videtis. Quorum impunitas fuit non modo a judiciis, sed etiam a sermone.* — *Nullis nec*, les négations ne se détruisent pas.

1. *Petere*, demander comme un droit. *rogare*, demander comme une faveur. *Pro Planc.*, 25 : *Neque ego sic rogabam ut petere viderer, quia familiaris est meus.*

2. Deux heures avant le coucher du soleil. — *Saxa rubra*, près du fleuve Crémère, entre Rome et Veies, sur la voie Flaminienne.

3. Voiture légère à deux roues.

4. La *lacerna* était une sorte de large caban, sans ceinture, garni d'un capuchon.

Hor., *Sat.* II, 7, 55 :

Turpis odoratum caput obscurante lacerna,

5. Fulvie.

6. Forme simple d'où est dérivé *illinc, illimce*.

misericors ferre non potuit, caput aperuit, in collum invasit. O hominem nequam! Quid enim aliud dicam? Magis proprie nihil possum dicere. Ergo, ut Catamitum, nec opinato cum te ostendisses, præter spem mulier aspiceret, idcirco urbem terrore nocturno [1], Italiam multorum dierum metu perturbasti? 78. Et domi quidem causam amoris [2] habuisti, foris etiam turpiorem, ne L. Plancus prædes [3] tuos venderet. Productus autem in concionem a tribuno plebis quum respondisses te rei tuæ causa venisse, populum etiam dicacem in te reddidisti. Sed nimis multa de nugis : ad majora veniamus.

XXXII. C. Cæsari ex Hispania redeunti obviam longissime processisti. Celeriter isti, redisti, ut cognosceret te si minus fortem, attamen strenuum. Factus es ei rursus nescio quo modo familiaris [4]. Habebat hoc omnino Cæsar [5] : quem plane perditum ære alieno egentemque, si eumdem nequam hominem audacemque cognorat, hunc in familiaritatem libentissime recipiebat. 79. His igitur rebus præclare commendatus, jussus es [6] renuntiari consul et quidem cum ipso. Nihil queror de Dolabella, qui tum est impulsus, inductus, elusus. Qua in re quanta fuerit uterque vestrum perfidia in Dolabellam quis ignorat? ille [induxit ut peteret,]

1. En accréditant par ce brusque retour le bruit de la mort de César qui s'était répandu.

2. Rem. le génitif au lieu d'une apposition. Ovid., *Met.*, IV, 20 : « Causa veneni. » Cic., *In Cat.*, II, 24 : « Urbes coloniarum ac municipiorum. » Tac., *Germ.*, 2 : « Vocabulum Germaniæ. »

3. L. Munatius Plancus, lieutenant de César en Gaule en 700. Pendant la guerre civile, il fut lieutenant de César en Espagne (705). Il était ami de Cicéron et de D. Brutus. C'était lui que César avait chargé de vendre les biens d'Antoine, s'il ne payait les biens de Pompée dans le délai fixé.

4. « Il donna dans cette occasion à Antoine la plus grande preuve de considération. Il traversa l'Italie l'ayant à ses côtés sur son char. » (Plutarque.)

5. Expression usuelle et familière. Hor., *Sat.*, I, 3, 3 :

> Sardus habebat
> Ille Tigellius hoc.

6. César nommait la moitié des magistrats, excepté les consuls. Encore nommait-il lui-même les consuls subrogés. Dans l'élection, il recommandait ses candidats au peuple : il faisait distribuer au peuple des billets dont voici la forme : *Cæsar dictator illi tribui : Commendo vobis illum et illum ut vestro suffragio suam dignitatem teneant.*

promissum et receptum intervertit[1] ad seque transtulit : tu ejus perfidiæ voluntatem tuam adscripsisti. Veniunt Kalendæ Januariæ[2] : cogimur in senatum, invectus est copiosius multo in istum et paratius Dolabella quam nunc ego. 80. Hic autem iratus quæ dixit, di boni! Primum cum Cæsar ostendisset se, prius quam proficisceretur, Dolabellam consulem esse jussurum[3] : quem negant regem, qui et faceret semper ejus modi aliquid et diceret : sed cum Cæsar ita dixisset, tum hic bonus augur eo se sacerdotio præditum esse dixit, ut comitia auspiciis vel impedire vel vitiare[4] posset, idque se facturum esse adseveravit. In quo primum incredibilem stupiditatem hominis cognoscite. 81. Quid enim? istud, quod te sacerdotii jure facere posse dixisti, si augur non esses et consul esses, minus facere potuisses? Vide ne etiam facilius. Nos enim nuntiationem[5] solum habemus, consules et reliqui magistratus etiam spectionem. Esto : hoc imperite : nec enim est ab homine numquam sobrio postulanda prudentia : sed videte impudentiam.

1. Plaute, *Asin.*, II, 2, 91 :

Istuc ago
Quomodo argentum intervortam.

C'est un mot de comédie.

2. Jour de l'entrée en charge des consuls.

3. César voulait se démettre du consulat et se faire substituer Dolabella. — *Proficisceretur.* Il devait aller faire une expédition contre les Daces, puis une autre contre les Parthes.

4. *Impedire*, comme consul *de cælo servando*. — *Vitiare*, comme augure, *obnuntiando*.

5. Festus : *Spectio in auguralibus ponitur pro aspectione. Spectio est et nuntiatio iis qui omne jus auspiciorum habent, auguribus spectio duntaxat quorum consilio rem gererent magistratus, non ut possent impedire nuntiando quæcumque vidissent : at iis spectio sine nuntiatione data est, ut ipsi auspicio rem gererent, non ut alios impedirent nuntiando.* — Le passage de Cicéron est très obscur, et peu compatible avec ce passage de Festus. Abram propose de renverser l'ordre des mots *spectionem* et *nuntiationem*. Il n'y a pas besoin de modifier le texte, comme Abram le reconnaît du reste. Les augures n'avaient pas *spectionem*, le droit de prendre les auspices à leur gré. C'était le magistrat, consul ou autre, qui avait *spectionem*, qui ordonnait à l'augure de regarder. *Quinti Fabi, te mihi in auspicio esse volo.* L'augure répondait : *Audivi.* Il s'assurait s'il y avait *silentium : Id enim silentium esse dicimus in auspiciis quod omni vitio caret.* Le magistrat disait : *Dicito si silentium esse videbitur.* L'augure répondait, sans lever ni tourner la tête : *silentium esse videtur*, ou le contraire. Ainsi l'augure n'avait que *nuntiationem.* C'était le magistrat qui consultait les auspices. L'augure répondait seulement à ses questions (*De Div.*, 2, 34, 71).

Multis [1] ante mensibus in senatu dixit se Dolabellæ comitia aut prohibiturum auspiciis aut id facturum esse, quod fecit. Quisquamne divinare potest quid vitii in auspiciis futurum sit, nisi qui de cælo servare constituit [2]? quod neque licet comitiis per leges, et, qui servavit, non comitiis habitis, sed prius quam habeantur, debet nuntiare. Verum implicata inscientia impudentia est, nec scit quod augurem nec facit quod pudentem decet. 82. Itaque ex illo die recordamini ejus usque ad Idus Martias consulatum. Quis umquam apparitor [3] tam humilis, tam abjectus? Nihil ipse poterat; omnia rogabat; caput in aversam lecticam [4] inserens, beneficia quæ venderet a collega petebat.

XXXIII. Ecce Dolabellæ comitiorum dies : sortitio prærogativæ [5] : quiescit. Renuntiatur : tacet. Prima clas-

1. En janvier : les comices eurent lieu avant le 15 mars, du vivant de César.

2. « Negant fas esse agi cum populo cum de cælo servatum sit. » (*Pro dom.* 1.) Le jour où un magistrat annonçait *se de cælo servare*, le peuple ne s'assemblait pas. Il devait l'annoncer avant, non pendant l'assemblée. Ainsi Milon étant tribun *proscripsit se per omnes dies comitiales de cælo servaturum* (*Ad Att.*, XIV, 3), pour empêcher l'élection de Clodius à l'édilité. Clodius, devenu tribun, fit une loi qui défendait *ne quis de cælo servaret*, pour ne pas entraver les comices. (*Pro Sestio*, 33.) Cicéron qui n'aimait pas cette loi permet à Antoine de n'en pas tenir compte, à condition d'annoncer d'avance *se servaturum de cælo*. Cicéron reproche à Antoine d'avoir dit qu'il profiterait de sa qualité d'augure, pour empêcher l'élection de Dolabella ; ce qu'il ne pouvait dire comme augure, ne pouvant deviner à l'avance les auspices à moins de donner à entendre qu'il en inventerait au besoin ; mais ce qu'il pouvait dire comme consul, s'il avait l'intention de *servare de cælo*. — A la fin des comices, il dit *Alio die*, non comme consul, car il ne dit pas *se servasse de cælo*, mais comme augure Il faudrait dire alors ce qu'il a vu : et il est sûr qu'il n'a rien vu, qu'il a inventé les auspices, pour empêcher l'élection de Dolabella.

3. Officier subalterne attaché à la personne des magistrats : licteur, etc. *Apparere* désigne proprement l'office du licteur ; Tite-Live : *lictor apparuit, submoto incesserunt.* — Cependant le mot *apparitor* est réservé généralement pour les officiers des magistrats inférieurs, tribuns, questeurs, etc.

4. La litière de César.

5. Les consuls étaient désignés dans les comices centuriates. On tirait au sort la centurie de la 1re classe qui devait voter la première. Elle entrait dans les *septa*, et on proclamait son vote. Puis on appelait la 1re classe qui comprenait :

35 *centuriæ seniorum* (1 par tribu).

35 *centuriæ juniorum* (1 par tribu).

12 *centuriæ equitum* (qui votaient immédiatement après la centurie prérogative, et avant les 69 autres).

1 *centuria fabrorum tignariorum* (pour que le peuple ne parût point exclu de l'élection).

C'étaient 82 suffrages. On proclamait le résultat du vote. Puis venait les *sex suffragia*, appelés et proclamés à part. Puis on appelait la 2e classe. Si

sis vocatur ; renuntiatur; deinde, ita ut adsolet, suffragia : tum secunda classis : quæ omnia sunt citius facta quam dixi. 83. Confecto negotio bonus augur — C. Lælium[1] diceres — ALIO DIE[2] inquit. O impudentiam singularem! Quid videras? quid senseras? quid audieras[3]? Neque enim te de cælo servasse dixisti nec hodie dicis[4]. Id igitur obvenit vitium, quod tu jam Kalendis Januariis futurum esse provideras et tanto ante prædixeras. Ergo hercule magna, ut spero, tua[5] potius quam rei publicæ calamitate ementitus es auspicia : obstrinxisti[6] religione populum Romanum, au-

8 centuries de la seconde classe se joignaient à la première et aux *sex suffragia*, le vote était décidé, la majorité était faite ($1 + 82 + 6 + 8 = 97$), puisqu'il y avait 193 centuries. Presque toujours il était inutile d'appeler la 3e classe et les autres. Cela explique pourquoi Antoine attend que la 2e classe ait commencé de voter. Il rompt les comices, quand il voit l'élection de Dolabella assurée. — Tout ce passage au reste est très discuté. Le texte en est mal établi. Madvig supprime *renuntiatur* devant *deinde*, et explique : « On appelle la 1re classe : elle vote, selon l'usage. » L'explication que j'ai donnée est celle qui se trouve dans l'*Onomasticum Tullianum* (Ed. Orelli). Elle s'appuie sur un passage du *de Republica* (II, 22), dont le texte est malheureusement mal établi. Les différentes leçons portent surtout sur le mot *suffragia*, comme ici. Ritschl lit ce passage ainsi : *Nunc rationem videtis esse talem ut equitum centuriis cum sex suffragiis et prima classi, addita centuria quæ ad summum usum urbis fabris tignariis est data, VIII centuriæ solæ si accesserunt, confecta esset vis populi universa, reliquaque multo major multitudo VI et LXXXX centuriarum (tot enim reliquæ sunt), neque excluderetur suffragiis, ne superbum esset, nec valeret nimis, ne esset periculosum.* — Nous savons par Festus ce que sont ces *sex suffragia* que plusieurs éditeurs de la 2e Philippique et du *de Republica* n'admettent point. *Sex suffragia appellantur in equitum centuriis, quæ sunt adjectæ ei numero centuriarum, quas Priscus Tarquinius rex constituit.* Il y aurait donc eu en tout 18 centuries de chevaliers. La difficulté est de comprendre comment ces 18 centuries ne votent point ensemble, comment 12 votent avant et 6 après la première classe.

1. C. Lælius, surnommé le Sage. Préteur en 609. Consul en 614. Augure. Ami de Scipion Émilien, protecteur de Térence et de l'historien Cœlius Antipater. Bon soldat, bon orateur, érudit, et homme de goût, il figure dans plusieurs dialogues de Cicéron, dans le *de Amicitia*, le *de Senectute* et le *de Republica*.

2. Formule par laquelle un augure interrompait une délibération publique et la renvoyait à un autre jour. — *De leg.*, II, 12, 31 : *Quid gravius quam rem susceptam dirimi, si unus augur* alio die *dixerit ?*

3. « Ea sola auspicia quæ de cælo petebantur comitia poterant vitiare. His autem verbis videndi, sentiendi audiendi omnia cælestium auspiciorum genera comprehendit » (Abram).

4. Aujourd'hui qu'Antoine est réconcilié avec Dolabella, il ne dit plus rien.

5. Tite-Live, X, 40, 11 : « Qui auspicio adest, si quid falsi nuntiat, in semetipsum religionem suscipit. » Il en cite un exemple.

6. Les auspices même faux liaient le peuple comme les vrais. Antoine a *vicié* des comices de Dolabella, par son

gur auguri, consul consuli obnuntiasti [1]. Nolo plura, ne acta Dolabellæ videar convellere [2], quæ necesse est aliquando ad nostrum collegium deferantur [3]. 84. Sed arrogantiam hominis insolentiamque cognoscite. Quamdiu tu voles, vitiosus consul Dolabella : rursus, cum voles, salvis auspiciis creatus. Si nihil est, cum augur iis verbis nuntiat, quibus tu nuntiasti, confitere te, quum ALIO DIE dixeris, sobrium non fuisse : sin est aliqua vis in istis verbis, ea quæ sit augur a collega requiro.

Sed ne forte ex multis rebus gestis M. Antonii rem unam [4] pulcherrimam transiliat oratio, ad Lupercalia [5] veniamus.

XXXIV. Non dissimulat, patres conscripti : apparet esse commotum : sudat, pallet. Quidlibet, modo ne nauseet, faciat, quod in porticu Minucia [6] fecit. Quæ potest esse turpitudinis tantæ defensio? Cupio audire, ut videam, ubi rhetoris sit tanta merces, id est, ubi campus Leontinus appareat. 85. Sedebat in rostris [7]

obnuntiatio, quand même il n'aurait rien vu du tout.

1. César, augure et consul, qui présidait les comices. — *Obnuntiasti*. Gell., XV, 13 : *Neque consules aut prætores censoribus neque censores consulibus aut prætoribus vitiant aut retinent auspicia. At censores inter se rursus prætores consulesque inter se et vitiant et retinent.* — Donat, ad Ter., *Ad.*, IV, 2, 7 : *Qui malam rem nuntiat, obnuntiat; qui bonam, annuntiat. Nam proprie obnuntiare dicuntur augures qui aliquid mali ominis scævumque viderunt.*

2. Les lois et décrets étaient affichés sur des tables de bronze ou de pierre. Quand on les annulait, on les arrachait et on les brisait.

3. Au collège des augures pour décider sur la valeur de l'*obnuntiatio* d'Antoine et de l'élection de Dolabella.

4. Belle entre toutes.

5. Fêtes de Pan. Le Lupercal était une grotte au pied du Palatin, consacrée à Pan par Evandre. Le 15 février, jour des fêtes de Pan, les luperques parcouraient la vieille ville du Palatin nus, frottés de parfums, ayant des sandales aux pieds, tenant en main des lanières taillées dans la peau des chèvres immolées à Pan : ils frappaient tout le monde, surtout les femmes, qui étaient rendues fecondes par là. — Cic., *Pro Cœlio*, XI, 2, 6 : « Eorum sodalitas plane pastoricia. » — Cf. Plut., *Romulus*. — Varron, *L.L.*, VI, 4 : « A Lupercis februatur populus, id est a Lupercis nudis lustratur antiquum oppidum Palatinum. » De là le nom de *februarius* donné au mois. — Voyez dans le *Jules César* de Shakespeare le récit de cet épisode.

6. Bâti par M. Minucius Rufus, (consul en 644, qui triompha en 645 pour ses victoires sur les Scordisques) dans les environs du cirque Flaminius.

7. Sur le Forum, près du Comitium et de la Curia Julia. Les Luperques passaient devant la tribune en allant du Lupercal à la voie Sacrée, qu'ils suivaient.

collega tuus, amictus toga purpurea[1], in sella aurea, coronatus [2]. Escendis, accedis ad sellam — ita eras Lupercus [3], ut te consulem esse meminisse deberes, — diadema[4] ostendis. Gemitus toto foro. Unde diadema? Non enim abjectum sustuleras; sed attuleras domo. Meditatum et cogitatum scelus. Tu diadema imponebas cum plangore populi : ille cum plausu rejiciebat. Tu ergo unus, scelerate, inventus es qui cum auctor regni esses, eum, quem collegam habebas, dominum habere velles, idem temptares quid populus Romanus ferre et pati posset. 86. At etiam misericordiam captabas : supplex te ad pedes abjiciebas. Quid petens? ut servires? Tibi uni peteres[5], qui ita a puero vixeras, ut omnia paterere, ut facile servires : a nobis populoque Romano mandatum id certe non habebas. O præclaram illam eloquentiam tuam, quum es nudus concionatus! Quid hoc turpius? quid fœdius? quid suppliciis omnibus dignius? Num exspectas, dum te stimulis fodiamus[6]? Hæc te, si ullam partem habes sensus, lacerat, hæc cruentat oratio. Vereor ne imminuam summorum virorum gloriam : dicam tamen dolore commotus. Quid indignius[7] quam vivere eum, qui imposuerit diadema, cum omnes fateantur jure interfectum esse qui abjecerit? 87. At etiam adscribi jussit

1. La toge triomphale, qui était celle des dieux et fut celle des empereurs. Le sénat l'avait décernée à César ainsi que le fauteuil doré.

2. Par décret du sénat, César portait toujours la couronne de laurier, et les jours de fêtes et de jeux une couronne d'or radiée.

3. Hand. Turs., III, 475 : « *Ita*... potest etiam significare conditionem et terminum quo continetur aut restringitur res. » — *De Off.*, I, 25, 88 : *Ita probanda est mansuetudo atque clementia ut adhibeatur reipublicæ causa severitas.* — Tite-Live, I, 17, 8 : *Ita gratiam ineunt, summa potestate populo permissa, ut non plus darent juris quam detinerent.*

4. Un bandeau blanc entrelacé dans une couronne de laurier. César le fit placer dans le temple de Jupiter Capitolin, seul roi du peuple romain. On prétend aussi que le diadème repoussé par César fut placé sur sa statue.

5. C'est-à-dire *petere debebas*. Virg. *Æn.*, VIII, 643 :

.... At tu dictis, Albane, maneres.

6. L'expression est du langage de la comédie, le supplice est réservé aux esclaves, Plaute, *Curc.*, I, 2, 40 :

Etiam mihi quoque stimulo fodere lubet te.

7. Cicéron fait ici une correction dans une lettre à Atticus, XVI, 11, 2 : il met *indignissimum est*.

in fastis ad Lupercalia : C. CÆSARI DICTATORI PERPETUO M. ANTONIUM CONSULEM POPULI JUSSU REGNUM DETULISSE : CÆSAREM UTI NOLUISSE. Jamjam minime miror te otium perturbare : non modo urbem odisse, sed etiam lucem : cum perditissimis latronibus [1] non solum de die, sed etiam in diem vivere [2]. Ubi enim tu in pace consistes? qui locus tibi in legibus et in judiciis esse potest, quæ tu, quantum in te fuit, dominatu regio sustulisti? Ideone L. Tarquinius exactus, Sp. Cassius. Sp. Mælius, M. Manlius [3] necati, ut multis post sæculis a M. Antonio, quod fas non est, rex Romæ constitueretur?

XXXV. 88. Sed ad auspicia redeamus : de quibus rebus Idibus Martiis fuit in senatu Cæsar acturus : quæro, tum tu quid egisses. Audiebam quidem te paratum venisse, quod me de ementitis auspiciis, quibus tamen parere necesse erat, putares, esse dicturum. Sustulit illum diem fortuna populi Romani. Num etiam tuum de auspiciis judicium interitus Cæsaris sustulit? Sed incidi in id tempus, quod iis rebus, in quas ingressa erat oratio, prævertendum est. Quæ tua fuga [4]! quæ formido præclaro illo die! quæ propter conscientiam scelerum desperatio vitæ ! cum ex illa fuga bene-

1. Ses deux frères Caius, préteur, et Lucius, tribun ; Censorinus, Vopiscus, Saxa, Cafo, Nucula, Lento, Decius, le banqueroutier Trebellius, l'empoisonneur Domitius, le joueur Licinius, l'ivrogne Laco, les *bravi* Mustela et Tiro, le maître de Cythèris Volumnius, Petissius, libertin ruiné, à qui plus tard il voulut donner les biens de Cicéron, etc.

2. *De die*, avant le soir, avant la neuvième heure, où les honnêtes gens commençaient seulement le repas. — *In diem*, au jour le jour, être sans ressources et vivre d'expédients. — Dans la locution *vivere de die*, *vivere* signifie *mener joyeuse vie*. Cat., V :

Vivamus, mea Lesbia, atque amemus.

Dans la locution *vivere in diem*, c'est simplement *vivre*.

3. Sp. Cassius, consul en 252, 261 et 268. Tué en 269. Sa maison fut rasée, on bâtit à la place le temple de Tellus. — Sp. Mœlius tué en 315 par C. Servilius Ahala. — M. Manlius Capitolinus sauva le Capitole en 364 et périt en 371. — *Fas*. Brutus après l'expulsion des Tarquins fit un sacrifice où tous les Romains jurèrent pour eux et leur postérité de ne jamais souffrir de roi. La religion défendait donc la royauté.

4. « César ayant été mis à mort dans le sénat, Antoine effrayé d'abord prit un habit d'esclave, et se cacha. Mais quand il vit que les conjurés n'attentaient à la vie de personne et qu'ils s'étaient réunis dans le Capitole, il leur persuada d'en descendre après leur avoir donné son fils pour otage, et le soir même Cassius soupa chez lui, Brutus chez Lepidus. » (Plutarque.)

ficio eorum, qui te, si sanus esses, salvum esse voluerunt, clam te domum recepisti! 89. O mea frustra semper verissima auguria [1] rerum futurarum! Dicebam illis in Capitolio liberatoribus nostris, cum me ad te ire vellent, ut ad defendendam rem publicam te adhortarer, quoad metueres, omnia te promissurum : simul ac timere desisses, similem te futurum tui. Itaque cum ceteri consulares irent redirent, in sententia mansi : neque te illo die neque postero vidi, neque ullam societatem optimis civibus cum importunissimo hoste fœdere ullo confirmari posse credidi. Post diem tertium veni in ædem Telluris [2] et quidem invitus, cum omnes aditus armati obsiderent. 90. Qui tibi dies ille, Antoni, fuit? Quamquam mihi inimicus subito exstitisti, tamen me tui miseret, quod tibi invideris.

XXXVI. Qui tu vir, di immortales! et quantus fuisses, si illius diei mentem [3] servare potuisses! Pacem haberemus, quæ erat facta per obsidem, puerum nobilem, M. Bambalionis [4] nepotem. Quamquam bonum te timor faciebat, non diuturnus magister officii [5] : improbum fecit ea, quæ, dum timor abest, a te non discedit, audacia. Etsi tum, cum optimum te putabant me quidem dissentiente, funeri tyranni, si illud funus fuit, sceleratissime præfuisti. Tua illa pulchra laudatio, tua miseratio, tua cohortatio. 91. Tu, tu, inquam, illas

1. Cicéron est augure : voilà pourquoi il appelle *auguria* ses prévisions. Cf. *Ad Fam.*, VI, 6.

2. Le temple de Tellus, sur la voie Sacrée, bâti en 584 par Sempronius, (consul en 577 et 591, censeur en 585, père des Gracques). — *Diem tertium.* Le 17 mars jour des *Liberalia*.

3. « Le lendemain Antoine, ayant assemblé le sénat, proposa une amnistie générale et demanda qu'on assignât des provinces à Brutus et à Cassius. Le sénat donna force de loi à ces propositions et décida aussi que tous les actes de la dictature de César seraient maintenus. Antoine sortit du sénat couvert de gloire ; on ne doutait pas qu'il n'eût prévenu la guerre civile. » (Plut.)

4. M. Bambalio, père de Fulvie. C'est par ironie que Cicéron nomme ici ce personnage, dont l'obscurité contraste avec les mots *puerum nobilem.* La *gens Antonia* était très ancienne en effet, quoique plébéienne.

5. *De Off.*, II, 7, 23 : « Malus enim est custos diuturnitatis metus. » — Le sens est différent, mais les deux expressions se ressemblent. Pour le sens cette citation se rapporte à XLIV, 113 : *Non potes esse diuturnus.*

faces incendisti, et eas, quibus semiustulatus ille est, et eas, quibus incensa L. Bellieni[1] domus deflagravit. Tu illos impetus perditorum hominum et ex maxima parte servorum, quos nos vi manuque repulimus, in nostras domos immisisti. Idem tamen quasi fuligine abstersa reliquis diebus in Capitolio præclara senatus consulta fecisti, ne qua post Idus Martias immunitatis tabula neve cujus beneficii figeretur[2]. Meministi ipse de exsulibus, scis de immunitate quid dixeris. Optimum vero, quod dictaturæ nomen in perpetuum de re publica sustulisti. Quo quidem facto tantum te cepisse odium regni videbatur, ut ejus omnem propter proximum dictatorem metum tolleres. 92. Constituta res publica videbatur aliis, mihi vero nullo modo, qui omnia te gubernante naufragia metuebam. Num igitur me fefellit? aut num diutius sui potuit dissimilis esse? Inspectantibus vobis toto Capitolio tabulæ figebantur, neque solum singulis venibant immunitates[3], sed etiam populis universis. Civitas non jam singillatim, sed provinciis totis dabatur. Itaque si hæc manent, quæ stante re publica manere non possunt, provincias universas, patres conscripti, perdidistis, neque vectigalia solum, sed etiam imperium populi Romani hujus domesticis nundinis deminutum est.

XXXVII. 93. Ubi [4] est septiens milliens, quod est in tabulis, quæ sunt ad Opis[5]? funestæ[6] illius quidem pe-

1. Antoine, après quelques mesures fort sages, se laissa emporter par l'ambition de succéder à César. Il souleva le peuple par l'oraison funèbre qu'il fit aux funérailles de César (cf. Dion, 44). Une foule de gens du peuple, de vétérans et de juifs brûla le corps de César sur la place même, et courut incendier les maisons des meurtriers. Dans le désordre la maison du sénateur L. Annius Bellienus fut incendiée.

2. La loi était gravée sur une table de bronze et affichée au Capitole. Ce sénatus-consulte fut rendu sur la proposition de Ser. Sulpicius. (*Phil.*, I, 1, 2.) — Pour la suppression de la dictature, cf. le même passage.

3. Exemption des charges qui pesaient sur les provinces. Les *civitates liberæ* et *deditiliæ* payaient des impôts (*vectigal*, *stipendium*, *decuma*).

4. *Ubi... desisti.* On a proposé de transporter ces deux phrases après les mots *acta defendimus*.

5. S.-ent. *ædem*. — *Septiens milliens*. Le sesterce au temps de César valait 4 as, l'as 0 fr.053. 700 millions de sesterces font environ 148,400,000 fr. Les dettes d'Antoine, 40 millions de sesterces, équivalent à 8,480,000 fr.

6. Acquise par des exactions, et

cuniæ, sed tamen, quæ nos, si iis, quorum erat, non redderetur, a tributis[1] posset vindicare. Tu autem quadringentiens sestertium, quod Idibus[2] Martiis debuisti, quonam modo ante Kalendas Apriles debere desisti? Sunt ea quidem innumerabilia, quæ a tuis emebantur non insciente te: sed unum egregium de rege Dejotaro[3] populi Romani amicissimo decretum in Capitolio fixum: quo proposito nemo erat qui in ipso dolore risum posset continere. 94. Quis enim cuiquam inimicior quam Dejotaro Cæsar? æque atque huic ordini, ut equestri, ut Massiliensibus[4], ut omnibus, quibus rem publicam populi Romani caram esse sentiebat. Igitur, a quo vivo nec præsens nec absens rex Dejotarus quidquam æqui boni[5] impetravit, apud mortuum factus est gratiosus. Compellarat hospitem præsens, computarat, pecuniam impetrarat[6], in ejus tetrarchia unum[7] ex Græcis comitibus suis collocarat : Armeniam abstulerat a senatu datam. Hæc vivus eripuit, reddit mortuus. 95. At qui-

des confiscations. *Phil.*, I : *Pecunia... cruenta illa quidem.* César disait souvent que le pouvoir s'acquérait et se conservait par deux moyens, une armée et de l'argent, et que le premier dépendait du second

1. L'impôt sur la propriété. D'après Plutarque il ne fut exigé qu'en 711. 400 femmes riches, tous les citoyens et étrangers habitant en Italie, les affranchis, les prêtres possédant plus de 400,000 sesterces payèrent 2 p. 0/0 de leur fortune. On leur prit aussi, dit Plutarque, une année de leur revenu, ou, selon Marquardt, 1 p. 0/0 de leur revenu annuel. Appien (*B. C.*, IV, 32, 34) parle aussi d'un impôt de 50 sesterces sur les esclaves et d'un impôt sur les successions. Dion (XLVII, 14) donne des renseignements un peu différents. (Long.)

2. Les ides et les calendes étaient les deux jours d'échéance chez les Romains. Hor., *Epod.* 2 :

Hæc ubi locutus fœnerator Alphius,
Jamjam futurus rusticus,
Omnem redegit Idibus pecuniam,
Quærit kalendis ponere.

3. Dejotarus, tétrarque des Gallo-Grecs, ami de Cicéron et de Câton, partisan de Pompée, fut reconnu par le sénat comme tétrarque de Galatie et roi de l'Arménie Mineure. César lui enleva ses Etats, malgré le plaidoyer de Brutus prononcé à Nicée en 707. En 709, Cicéron parla aussi pour Dejotarus. Antoine le rétablit dans ses Etats après la mort de César. *Dignus ille quidem omni regno, sed non per Fulviam.* (Cic., *Ad Att.*, XIV. 12, 1.)

4. Les Marseillais auraient pris le parti de Pompée et résisté vigoureusement à César.

5. Asyndète. Cf. Madvig., *Gr. lat.* 434 : l'asyndète a lieu entre deux mots dont le sens est ou presque identique ou tout à fait opposé : *Patres conscripti. Prima postrema, fanda nefanda, ædificia omnia publica privata.* On peut ajouter *divina humana.*

6. Peut-être *imperarat*, qui est donné par un ms.

7. Un certain Mithridate de Pergame, de race royale, dit César (*Bell. Alex*, 16, 78), élevé à la cour de Mithridate le Grand, et qui avait amené à César des renforts en Egypte.

bus verbis? Modo æquum sibi videri, modo non iniquum. Mira verborum complexio. At ille numquam — semper enim absenti adfui Dejotaro — quidquam sibi, quod nos pro illo postularemus, æquum dixit videri. Syngrapha sestertii centiens[1] per legatos, viros bonos, sed timidos et imperitos, sine nostra, sine reliquorum hospitum regis sententia, facta in gynæceo est, quo in loco plurimæ res venierunt et veneunt. Qua ex syngrapha quid sis acturus meditere censeo. Rex enim ipse sua sponte, nullis commentariis Cæsaris, simul atque audivit ejus interitum, suo Marte res suas reciperavit. 96. Sciebat homo sapiens jus semper hoc fuisse, ut, quæ tyranni eripuissent, ea tyrannis interfectis ii, quibus erepta essent, reciperarent. Nemo igitur jure consultus, ne iste quidem[2], qui tibi uni est jure consultus, per quem hæc agis, ex ista syngrapha deberi dicit pro iis rebus, quæ erant ante syngrapham reciperatæ. Non enim a te emit, sed prius[3] quam tu suum sibi venderes, ipse possedit. Ille vir fuit : nos quidem contemnendi, qui auctorem odimus, acta defendimus.

XXXVIII. 97. Quid ego de commentariis infinitis, quid de innumerabilibus chirographis[4] loquar? quorum etiam institores sunt, qui ea tamquam gladiatorum libellos[5] palam venditent. Itaque tanti acervi nummorum apud istum construuntur, ut jam expendantur, non numerentur pecuniæ. At quam cæca avaritia est!

1. 10 millions de sesterces : 2,120,000 fr.

2. Sans doute ce Faberius, scribe de César, qu'Antoine employait à fabriquer de faux décrets.

3. Madvig, 360 : « *Prius quam* s'emploie avec l'indicatif pour désigner seulement le temps, avec le subjonctif pour marquer l'intention. »

4. Antoine reçut de Calpurnia tous les papiers et mémoires où César avait écrit tout ce qu'il avait fait dans le gouvernement et tout ce qu'il se proposait de faire dans la suite. Antoine inséra dans ses registres tout ce qu'il voulut. Il nomma des magistrats et des sénateurs. Il rappela des bannis, mit en liberté des prisonniers et donna toutes ces mesures pour des résolutions prises par César. Ces personnes ainsi rétablies furent appelées par plaisanterie *charonites* (en l. *orcini*) parce que, sommées de produire leurs titres, elles allaient les chercher dans les registres d'un mort. (Plutarque.)

5. Programmes indiquant les noms des gladiateurs, le jour du combat, etc. On peignait aussi des tableaux-annonces représentant les gladiateurs qui devaient combattre : c'était une invention de C. Terentius Lucanus.

Nuper fixa tabula est, qua civitates locupletissimæ Cretensium vectigalibus liberantur, statuiturque, ne post M. Brutum pro consule sit Creta provincia. Tu mentis es compos? tu non constringendus? An Cæsaris decreto Creta post M. Bruti decessum potuit liberari, cum Creta nihil ad Brutum Cæsare vivo[1] pertineret? At hujus venditione decreti — ne nihil actum putetis — provinciam[2] Cretam perdidistis. Omnino nemo ullius rei fuit emptor cui defuerit hic venditor. 98. Et de exsulibus legem, quam fixisti, Cæsar tulit? Nullius insector calamitatem : tantum queror, primum eorum reditus inquinatos, quorum causam Cæsar dissimilem judicarit : deinde nescio cur non reliquis idem tribuas. Neque enim plus quam tres aut quattuor reliqui sunt. Qui simili in calamitate sunt, cur tua misericordia non simili fruuntur? cur eos habes in loco patrui[3]? de quo ferre, cum de reliquis ferres, noluisti : quem etiam ad censuram petendam impulisti, eamque petitionem comparasti, quæ et risus hominum et querelas moveret. 99. Cur autem ea comitia non habuisti? an quia tribunus plebis sinistrum fulmen nuntiabat[4]? cum tua quid interest, nulla auspicia sunt : quum tuorum, tum fis religiosus. Quid? eumdem in septemviratu[5] nonne destituisti? intervenit enim[6], cui metuisti, credo, ne salvo capite negare non posses.

1. En effet la Crète avait été donnée à Brutus après le meurtre de César, sur la proposition d'Antoine.

2. Ce décret, qui ne fut pas appliqué, assimilait la Crète à l'Italie.

3. C. Antonius, XXIII, 56.

4. *In nostris commentariis scriptum habemus : Jove tonante, fulgurante comitia populi habere nefas... Itaque comitiorum solum vitium est fulmen, quod idem omnibus rebus optimum auspicium habemus, si sinistrum fuit* » (*De Div.* II, 18, 43.) — Pour demander la censure, il fallait que C. Antonius eût été rétabli, quoique Cicéron ne le dise pas. Cette candidature était ridicule et scandaleuse, parce qu'avant sa condamnation et son exil, C. Antonius avait été chassé du sénat par les censeurs.

5. Il ne s'agit pas des *septemviri epulones*, portés au nombre de dix par César en 44, chargés des *lectisternia* celébrés au Capitole ; — mais des septemvirs chargés de distribuer aux soldats les terres de Sicile et de Campanie qu'Antoine leur fit attribuer. On nomma des *septemviri agris dandis assignandis*, qui furent Antoine, son frère Lucius, Dolabella, Nucula, Lento Cæsennius, Domitius, P. Decius. — *Ad Att.*, XV, 19 : *Dic mihi, C. Antonius voluit ne fieri septemvir ? fuit certe dignus.*

6. *Intervenisse* « Cicero dicit aliquem qui id munus patruo debitum interceperit et M. Antonio extorserit, quod

Omnibus eum contumeliis onerasti, quem patris loco, si ulla in te pietas esset, colere debebas. Filiam ejus, sororem[1] tuam, ejecisti, alia conditione[2] quæsita et ante perspecta. Non est satis. Probri insimulasti pudicissimam feminam. Quid est quod addi possit? contentus eo non fuisti. Frequentissimo senatu Kalendis Januariis sedente patruo hanc tibi esse cum Dolabella causam odii dicere ausus es, quod ab eo sorori et uxori tuæ stuprum oblatum esse comperisses. Quis interpretari potest, impudentiorne, qui in senatu, an improbior qui in Dolabellam, an impurior, qui patre audiente, an crudelior, qui in illam miseram tam spurce, tam impie dixeris?

XXXIX. 100. Sed ad chirographa redeamus. Quæ tua fuit cognitio? Acta enim Cæsaris pacis causa confirmata sunt a senatu : quæ quidem Cæsar egisset, non ea, quæ egisse Cæsarem dixisset Antonius. Unde ista erumpunt? quo auctore proferuntur? Si sunt falsa, cur probantur? si vera, cur veneunt? At sic placuerat ut ex Kalendis Juniis de Cæsaris actis cum consilio cognosceretis. Quod fuit consilium? quem umquam advocasti? quas Kalendas Junias exspectasti? an eas, ad quas te peragratis veteranorum coloniis stipatum armis rettulisti?

O præclaram illam percursationem tuam mense Aprili atque Maio, tum cum etiam Capuam coloniam deducere conatus es! Quem ad modum illinc abieris vel potius pæne non abieris scimus. 101. Cui tu urbi minitaris. Utinam conere, ut aliquando illud *pæne* tollatur! At quam nobilis est tua illa peregrinatio! Quid prandiorum apparatus, quid furiosam vinolentiam tuam proferam? Tua ista detrimenta sunt : illa nostra. Agrum

metueret scilicet ne salvo capite negare ei non posset. Notus erat senatoribus homo contemptissimus quem M. Antonius patruo detruso ad eum locum evexerat, ne nobis quidem plane ignotus. Nam aut Nucula au Lento fuit. » (Madvig, *Opusc.*, I, 171.)

1. S.-ent. *patruelem*. — Antoine répudia Antonia, l'accusant faussement d'adultère avec Dolabella en 706.

2. Un parti. Plaute, *Aul.*, III, 5, 1 :

Narravi amicis multis consilium meum
De conditione hac. Euclionis filiam
Laudant.

Campanum, qui cum de vectigalibus eximebatur, ut militibus[1] daretur, tamen infligi magnum rei publicæ vulnus putabamus, hunc tu compransoribus tuis et collusoribus dividebas. Mimos dico et mimas, patres conscripti, in agro Campano collocatos. Quid jam querar de agro Leontino? quoniam quidem hæ quondam arationes Campana et Leontina in populi Romani patrimonio grandiferæ et fructuosæ[2] ferebantur. Medico tria millia jugerum : quid si te sanasset? rhetori duo : quid, si te disertum facere potuisset? Sed ad iter Italiamque redeamus.

XL. 102. Deduxisti coloniam Casilinum[3], quo Cæsar ante deduxerat. Consuluisti me per litteras de Capua tu quidem, sed idem de Casilino respondissem : possesne, ubi colonia esset, eo coloniam novam jure deducere? Negavi in eam coloniam, quæ esset auspicato[4] deducta, dum esset incolumis, coloniam novam jure deduci : colonos novos ascribi posse rescripsi. Tu autem insolentia elatus omni auspiciorum jure turbato Casilinum coloniam deduxisti, quo erat paucis annis ante deducta, ut vexillum[5] tolleres, ut aratrum[6] circumduceres : cujus quidem vomere portam Capuæ pæne perstrinxisti, ut florentis coloniæ territorium minueretur. 103. Ab hac perturbatione religionum advolas in M. Varronis[7], san-

1. César avait porté, en 695 et en 709, des lois agraires distribuant à 20,000 citoyens et aux vétérans des terres en Campanie. Antoine en donna aussi à ses soldats. Suet., *Cæs.*, 20 : « Agrum Campanum ad subsidia reipublicæ vectigalem relictum. »

2. Un tiers du territoire des villes conquises demeurait aux habitants, un tiers était vendu, un tiers devenait *ager publicus* et était affermé par les censeurs. Ces terres affermées étaient appelées *arationes*, et les fermiers *aratores*.

3. Sur l'emplacement de la moderne Capoue, à 3000 pas de l'ancienne Capoue.

4. On dit pareillement *inaugurato*. Cf. Tite-Live, XXXIX : *lictor apparuit :* submoto *incesserunt*. Virgile : *libato*.

5. C'étaient des colonies militaires. Or les vétérans restaient organisés militairement, ils étaient retenus *sub vexillo*. — *De leg. agr*, II, 32 : « Vexillum campanæ coloniæ. » — Le *vexillum* se retrouve sur les monnaies des colonies militaires.

6. Varron : *Oppida condebant in Latio Hetrusco ritu multa, id est junctis bobus tauro et vacca interiore aratro circumagebant sulcum :... ideo coloniæ nostræ omnes in litteris antiquis scribuntur urbes, quod item conditæ ut Roma.*

7. M. Terentius Varro, né en 638, élève du grammairien L. Ælius et de l'académicien Antiochus. Partisan de

ctissimi atque integerrimi viri, fundum Casinatem[1]. Quo jure? quo ore? Eodem, inquies, quo in heredum L. Rubrii, quo in heredum L. Turselii prædia, quo in reliquas innumerabiles possessiones. Et si ab hasta, valeat hasta, valeant tabulæ, modo Cæsaris, non tuæ[2], quibus debuisti, non quibus tu te liberavisti. Varronis quidem Casinatem fundum quis venisse dicit? quis hastam istius venditionis vidit? quis vocem præconis audivit? Misisse te dicis Alexandream qui emeret a Cæsare. Ipsum enim exspectare magnum fuit. 104. Quis vero audivit umquam — nullius autem salus curæ pluribus fuit — de fortunis Varronis rem ullam esse detractam? Quid? si etiam scripsit ad te Cæsar ut redderes, quid satis potest dici de tanta impudentia? Remove gladios parumper illos, quos videmus : jam intelliges aliam causam esse hastæ Cæsaris, aliam confidentiæ et temeritatis tuæ. Non enim te dominus modo illis sedibus, sed quivis amicus, vicinus, hospes, procurator arcebit.

XLI. At quam multos dies in ea villa turpissime est perbacchatus! Ab hora tertia[3] bibebatur, ludebatur, vomebatur. O tecta ipsa misera, *quam dispari domino*[4]! Quamquam quo modo iste dominus? Sed tamen quam ab dispari tenebantur! Studiorum enim suorum Varro

Pompée, il se réconcilia avec César, qui le chargea de fonder une bibliothèque publique. En 711, il fut proscrit par Antoine, qui déjà lui avait enlevé sa villa de Casinum en 706, avant que César l'eût reçu en grâce. Il mourut en 727. Ses écrits principaux sont : *Saturæ Menippeæ. Antiquitatum libri XLI. De vita populi Romani. De familiis Trojanis. De gente populi Romani. De bibliothecis. De poetis. De originibus scenisis. Quæstiones Plautinæ. De comœdiis Plautinis. Imaginum libri XV. Disciplinarum lib. IX. De Jure civili l. XV. Rerum rusticarum l. III. De lingua latina l. XXV.* Ces deux derniers ouvrages nous sont seuls parvenus, l'un presque complet, l'autre très mutilé.

1. Casinum, ville des Volsques. Varron, dans son *de Re Rustica* (5, 9), parle de cette propriété, où il avait établi sa volière modèle.

2. Les registres de César, non ceux que tu fabriques sur son nom.

3. On ne se mettait pas à table avant la neuvième heure, à moins d'être un débauché. La première heure commençait au lever du soleil. Le jour naturel, du lever au coucher du soleil, était divisé en douze parties égales. Les heures de jour étaient donc plus longues en été qu'en hiver, et les heures de nuit plus courtes.

4. On ne sait d'où est tirée cette citation. — *De Off.* I, 39, 139 : *O domus antiqua, heu, quam dispari dominaris domino !*

voluit illud, non libidinum deversorium. 105. Quæ in illa villa antea dicebantur! quæ cogitabantur! quæ litteris mandabantur! Jura populi Romani, monimenta majorum, omnis sapientiæ ratio omnisque doctrinæ. At vero te inquilino — non enim domino — personabant omnia vocibus ebriorum : natabant pavimenta vino[1] : madebant parietes : ingenui pueri cum meritoriis, scorta inter matres familias versabantur. Casino salutatum veniebant, Aquino, Interamna. Admissus est nemo. Jure id quidem. In homine enim turpissimo obsolefiebant dignitatis insignia. 106. Cum inde Romam proficiscens ad Aquinum accederet, obviam ei processit, ut est frequens municipium, magna sane multitudo. At iste operta lectica latus per oppidum est, ut mortuus[2]. Stulte Aquinates : sed tamen in via[3] habitabant. Quid Anagnini? Qui, cum essent devii, descenderunt, ut istum, tamquam si esset, consulem salutarent. Incredibile dictu, sed tum nimis[4] inter omnes constabat neminem esse resalutatum, præsertim cum duos secum Anagninos haberet, Mustelam et Laconem[5] : quorum alter gladiorum est princeps, alter poculorum. 107. Quid ego illas istius minas contumeliasque commemorem, quibus invectus est in Sidicinos[6], vexavit Puteolanos[7], quod C. Cassium et Brutos patronos[8] adoptas-

1. Cic., *Pro Gallio* (fr.) : « Humus erat immunda, lutulenta vino, coronis languidulis et spinis cooperta piscium. » — Hor., II, 14, 26 :

Mero tinget pavimentum superbo.

2. C. Gracchus, dans un fragment cité par Aulu-Gelle, X, 3, 5, raconte qu'un jeune patricien voyageait dans une litière fermée. Un paysan le rencontra et demanda aux porteurs *num mortuum ferrent*. Pour cette parole de mauvaise augure, il fut battu avec des courroies de la litière jusqu'à en mourir.

3. La voie Latine sur laquelle se trouvaient Casinum, Interamne et Aquinum. — La ville d'Anagnia était au sommet d'une colline sur la gauche entre les voies Latine et Valérienne.

4. Madvig lit : *Sed sum vicinus* : Je suis voisin, donc bien informé.

5. Cicéron ne les avait pas nommés d'abord. Atticus lui demanda des explications : *Anagnini sunt Mustela ταξιάρχης et Laco qui plurimum bibit*. (*Ad. Att.*, XVI, 11, 3.)

6. Teanum Sidicinum près d'Interamne, en Campanie.

7. Pouzzoles, sur le golfe de Naples.

8. Les villes municipales et provinciales avaient l'habitude de se choisir un patron ou protecteur parmi les sénateurs les plus influents. Marcellus fut le patron de la Sicile qu'il avait conquise, Antoine était par héritage le patron de Bologne. — Les orateurs devenaient les patrons des provinces

sent? Magno quidem studio, judicio, benevolentia, caritate, non ut te et Basilum[1], vi et armis, et alios vestri similes, quos clientes nemo habere velit, non modo[2] illorum cliens esse.

XLII. Interea dum tu abes, qui dies ille collegæ tui fuit, cum illud, quod venerari solebas, bustum in foro evertit[3]? Qua re tibi nuntiata, ut constabat inter eos, qui una fuerunt, concidisti. Quid evenerit postea nescio. Metum credo valuisse et arma. Collegam quidem de cælo detraxisti effecistique non tu quidem etiam nunc ut similis tui, sed certe ut dissimilis esset sui.

108. Qui vero inde reditus Romam! Quæ perturbatio totius urbis! Memineramus Cinnam[4] nimis potentem, Sullam postea dominantem: modo Cæsarem regnantem videramus. Erant fortasse gladii, sed absconditi nec ita multi. Ista vero quæ et quanta barbaria est! Agmine quadrato[5] cum gladiis sequuntur: scutorum lecticas[6] portari videmus. Atque his quidem jam inveteratis, patres conscripti, consuetudine obduruimus. Kalendis Juniis quum in senatum, ut erat constitutum,

ou des villes qu'ils défendaient, Cicéron de la Sicile, Pline de la Bétique.

1. Minucius Basilus, personnage inconnu, différent de L. Minucius Basilus, meurtrier de César.

2. *Non modo* ainsi placé nie plus fortement (Madvig, 461, 3). — *Ad Fam.*, IV, 14 : « Secundas etiam res nostras, non modo adversas, pertimescebam. »

3. On avait élevé un autel et une colonne au lieu où César avait été brûlé. Ce fut un prétexte à manifestations séditieuses. Dolabella renversa l'autel et la colonne, fit arrêter les émeutiers, jeta les hommes libres du haut de la roche Tarpéienne et mit en croix les esclaves. Cicéron espéra un instant de pouvoir opposer Dolabella à Antoine et en faire un défenseur de la liberté. — *Bustum.* Festus : *Bustum proprie dicitur locus in quo mortuus est combustus et sepultus.* — *Venerari* signifie proprement prier, adorer. Tib. I, 1 :

Nam veneror seu stipes habet desertus in agris,
Seu vetus in trivio florea serta lapis.

4. L. Cornelius Cinna. Partisan de Marius. Consul en 667, 668, 669, 670. Il fit de terribles proscriptions, où périt l'orateur Marc Antoine, et ensanglanta Rome de ses cruautés et de ses massacres. Cicéron avait dix-neuf ans en 667. — L. Cornelius Sulla Felix, consul en 666 et 674; il abdiqua la dictature en 675 et mourut en 676. Cicéron avait débuté sous Sylla, il s'était même exposé à un péril sérieux par ses attaques contre l'affranchi Chrysogonus. (*Pro Rosc. Am.*).

5. Varro (ap. Serv.) : *Duo sunt genera agminum*, quadratum, *quod immistis etiam jumentis incedit, ut ubivis possit consistere :* pilatum *alterum*, etc. (Wernsdorf).

6. *Non quo illa scuta occulta esse vellet, sed ne familiares si scuta ipsi ferrent, laborarent.* (*Phil.*, V.)

venire vellemus, metu perterriti repente diffugimus. 109. At iste, qui senatu non egeret[1], neque desideravit quemquam et potius discessu nostro lætatus est, statimque illa mirabilia facinora effecit. Qui chirographa Cæsaris defendisset lucri sui causa, is leges Cæsaris easque præclaras, ut rem publicam concutere posset, evertit: numerum annorum provinciis prorogavit[2]: idemque, cum actorum Cæsaris defensor esse deberet, et in publicis et in privatis rebus acta Cæsaris rescidit. In publicis nihil est lege gravius: in privatis firmissimum est testamentum. Leges alias sine promulgatione[3] sustulit, alias ut tolleret promulgavit. Testamentum irritum fecit: quod etiam infimis civibus semper obtentum[4] est. Signa, tabulas, quas populo Cæsar una cum hortis legavit, eas hic partim in hortos Pompeii[5] deportavit, partim in villam Scipionis.

XLIII. 110. Et tu in Cæsaris memoria diligens? tu illum amas mortuum? Quem is honorem majorem consecutus erat, quam ut haberet pulvinar[6], simulacrum,

1. *Qui* avec le subjonctif renferme l'idée de cause, et équivaut à *quum is* : Madvig, *Gr. l.*, 366 : *Tarquinio vero quid impudentius, qui bellum gereret cum iis qui ejus non tulerant superbiam?*

2. César avait réglé que les provinces seraient données aux propréteurs pour un an, aux proconsuls pour deux ans. Les tribuns, à l'instigation d'Antoine, donnèrent deux ans aux propréteurs et six ans aux proconsuls.

3. L'affichage des propositions de loi, qui devait précéder la mise en délibération.

4. *Obtinere*, maintenir, soutenir, faire valoir, ratifier, — jamais obtenir. — Cf. plus haut, II, 3. — *Ad obtinendum mendacium* (*Pro Quinctio*). — Tite-Live : *Obtinere injuriam* (XXIX, 1,17). — Tacite : *obtinere iniquitates.* (*Hist.* II, 84).

5. Les jardins de Pompée sur le Tibre. — *Scipionis.* Q. Cæcilius Metellus Pius Scipio, beau-père de Pompée, consul en 702, tué en Afrique en 706. Sa villa située à Tibur était venue aux mains d'Antoine.

6. Le sénat avait décrété en l'honneur de César : une fête quinquennale pour célébrer son origine divine ; que pour aller au cirque, il aurait un char pareil à celui des dieux ; qu'il s'appellerait Jupiter Julius ; qu'il aurait un flamine (Antoine) et un collège de prêtres ; et un temple avec la déesse Clémence. — *Pulvinar*, le coussin sur lequel on place les statues des dieux dans les fêtes solennelles et les lectisternia : la statue de César prendrait place ainsi parmi celles des dieux. — *Simulacrum*, nom réservé aux statues des dieux, celles des hommes s'appelant *statuæ, effigies.* — *Fastigium* un toit pointu, un fronton, ἀετός, ἀέτωμα. Les maisons avaient des toits plats : les temples seuls avaient des frontons et des toits en pointe. La maison de César devenait ainsi un temple. — *Tusc.*, III, XLVI, 180 : « Capitolii fastigium illud et cæterarum ædium non venustas, sed necessitas ipsa fabricata est. Nam cum esset habita

fastigium, flaminem? Est ergo flamen[1], ut Jovi, ut Marti, ut Quirino[2], sic divo[3] Julio M. Antonius? Quid igitur cessas? Cur non inauguraris[4]? Sume diem: vide qui te inauguret: collegæ sumus: nemo negabit. O detestabilem hominem, sive quod tyranni sacerdos es sive quod mortui[5]. Quæro deinceps, num hodiernus dies qui sit ignores? Nescis heri quartum in Circo diem ludorum Romanorum[6] fuisse? te autem ipsum ad populum tulisse ut quintus præterea dies Cæsari tribueretur? Cur non sumus prætextati? Cur honorem Cæsaris tua lege datum deseri patimur? an supplicationes addendo diem contaminari passus ès, pulvinaria noluisti? Aut

ratio, quemadmodum ex utraque tecti parte aqua delaberetur, utilitatem templi fastigii dignitas consecuta est: ut etiam si in cælo Capitolium statueretur, ubi imber esse non posset, nullam sine fastigio dignitatem habiturum fuisse videatur. »

1. Il y avait trois flamines majeurs, institués par Numa: le *flamen Dialis*, le *flamen Martialis*, et le *flamen Quirinalis*. Ils portaient la prétexte, et le bonnet surmonté de l'*apex*.

2. *Mars*, Mavors, Mamers, vieille divinité sabine, pastorale à l'origine, et qui s'identifia avec l'Ἄρης des Grecs. — *Quirino*. Denys d'Halicarn. (*Ant. Rom.*, II) identifie Quirinus avec l'*Enyalus* sabin et *Mars*. Festus: *Curis est sabine hasta unde Romulus Quirinus, quia eam ferebat, est dictus, et Romani a Quirino Quirites dicuntur.*

3. *Divus* est synonyme de *deus* encore dans Virgile. Sous l'empire, *divus* désigne exclusivement un empereur divinisé après sa mort.

4. Le *flamine*, comme tous les prêtres, recevait une consécration, *inauguratio*, ainsi nommée parce que la cérémonie était accomplie par un augure. L'augure, dans les *comitia calata*, devant le peuple, mettait la main sur la tête du prêtre qu'il consacrait, et récitait des prières, *carmina* (Plut., *Numa*. Tite-Live, I, 18. Gell., XV, 27, 1). Cicéron après son élection au collège des augures fut consacré par Hortensius. En 714, Antoine se fit consacrer comme *flamen Julius* pour plaire aux vétérans de César.

5. La religion romaine séparait avec soin le culte des dieux du ciel (*superi*) de celui des dieux des enfers (*dii inferi*) et des morts (*manes*). Tout ce qui éveillait l'idée de la mort souillait les cérémonies sacrées. — *Phil.*, I, 15: « An me censetis, P. C., quod vos inviti secuti estis, decreturum fuisse ut parentalia cum supplicationibus miscerentur? ut inexpiabiles religiones in rem publicam inducerentur? ut decernerentur supplicationes mortuo?... Adduci tamen non possem ut quemquam mortuum conjungerem cum immortalium religione, ut cujus sepulchrum usquam exstet ubi parentetur, ei publice supplicetur. — *Contaminari* employé plus bas désigne ce mélange. On reprochait à Térence de mêler plusieurs pièces de Ménandre en une seule, *contaminare fabulas*.

6. Les *ludi maximi Romani*, institués par Tarquin l'Ancien en l'honneur des trois divinités du Capitole, duraient huit jours et commençaient le 4 septembre. Deux jours après leur fin, d'autres jeux appelés aussi *Romani*, institués à une époque inconnue, étaient célébrés au cirque durant quatre jours. C'est de ceux-ci qu'il est question. Le lendemain du quatrième jour de ces jeux est le 19 septembre, où Cicéron suppose que son discours est prononcé.

undique religionem tolle aut usquequaque conserva. 111. Quæris placeatne mihi pulvinar esse, fastigium, flaminem. Mihi vero nihil istorum placet. Sed tu, qui acta Cæsaris defendis, quid potes dicere cur alia defendas, alia non cures? Nisi forte vis fateri te omnia quæstu tuo, non illius dignitate metiri. Quid ad hæc tandem? Exspecto enim eloquentiam tuam. Disertissimum cognovi avum tuum [1] : at te etiam apertiorem in dicendo. Ille numquam nudus est concionatus : tuum hominis simplicis pectus [2] vidimus. Respondebisne ad hæc aut omnino hiscere audebis? Ecquid reperies ex tam longa oratione mea, cui te respondere posse confidas? Sed præterita omittamus.

XLIV. 112. Hunc unum diem, unum, inquam, hodiernum diem, hoc punctum temporis, quo loquor, defende, si potes. Cur armatorum corona senatus sæptus est? cur me tui satellites cum gladiis audiunt? cur valvæ [3] Concordiæ non patent? cur homines omnium gentium maxime barbaros, Ituræos, cum sagittis deducis in forum? Præsidii sui causa se facere dicit. Nonne igitur milliens perire est melius quam in sua civitate sine armatorum præsidio non posse vivere? Sed nullum est istuc, mihi crede, præsidium. Caritate te et benevolentia civium sæptum [4] oportet esse, non armis. 113. Eripiet et extorquebit tibi ista populus Romanus, utinam salvis nobis! Sed quoquo modo nobiscum egeris,

1. Marc Antoine l'orateur, que Cicéron avait en effet connu dans sa jeunesse.

2. Il joue sur le mot. La phrase peut signifier : « Nous avons vu ton cœur à découvert, homme franc et sincère. » Exemple d'εἰρωνεία.

3. Servius : *Fores proprie dicuntur quæ foris aperiuntur, sicut apud veteres fuit. Valvæ autem sunt, ut dicit Varro, quæ revolvuntur et se velant. Janua vero est primus domus ingressus, dicta quia Jano consecratum est omne principium. Cætera inter januam ostia dicuntur, sive valvæ sunt, sive fores.*

4. Corn. Nep., *Dio.*, V, 3 : *Nullum esse imperium tutum nisi benevolentia munitum.* — Plin. le Jeune, *Paneg.* 49 : *Frustra se terrore succinxerit qui septus caritate non fuerit.* Cf. Cic., *Tusc.*, II, 7, 2, 3, 127 : *Quod igitur latissume patet neque ad incolumitatem solum, sed etiam ad opes et potentiam valet plurimum, id amplectamur, ut metus absit, caritas retineatur... Etenim qui se metui volent, a quibus metuentur eosdem metuant ipse necesse est.*

dum istis consiliis uteris, non potes, mihi crede, esse diuturnus. Etenim ista tua minime avara[1] conjux, quam ego sine contumelia describo, nimium diu debet populo Romano tertiam pensionem[2]. Habet populus Romanus ad quos gubernacula rei publicæ deferat : qui ubicumque terrarum sunt, ibi est omne rei publicæ præsidium vel potius ipsa res publica[3], quæ se adhuc tantum modo ulta est, nondum reciperavit. Habet quidem certe res publica adolescentes nobilissimos paratos defensores. Quam volent, illi cedant, otio consulentes : tamen a re publica revocabuntur. Et nomen pacis dulce est et ipsa res salutaris, sed inter pacem et servitutem plurimum interest. Pax est tranquilla libertas, servitus postremum malorum omnium, non modo bello, sed morte etiam repellendum. 114. Quod si se ipsos illi nostri liberatores e conspectu nostro abstulerunt, at[4] exemplum facti reliquerunt. Illi, quod nemo fecerat, fecerunt. Tarquinium Brutus bello est persecutus : qui tum rex fuit, cum esse Romæ licebat. Sp. Cassius, Sp. Mælius, M. Manlius propter suspicionem regni appetendi sunt necati. Hi primum cum gladiis non in regnum appetentem, sed in regnantem impetum fecerunt. Quod cum ipsum factum per se præclarum est atque divinum, tum expositum ad imitandum est, præsertim cum illi eam gloriam consecuti sint quæ vix cælo capi posse videatur. Etsi enim satis in ipsa conscientia pulcherrimi facti fructus erat, tamen mortali immortalitatem non arbitror esse contemnendam.

XLV. 115. Recordare igitur illum, M. Antoni, diem,

1. Par ironie. L'avarice de Fulvie était connue.

2. Elle a déjà payé à l'Etat deux maris, elle donnera le troisième bientôt. — Quand le mari qui répudiait une femme ou que sa femme quittait ne pouvait rendre la dot tout d'un coup, il la rendait par tiers, en trois annuités : *prima*, *secunda*, *tertia pensio*. C'est ainsi que Dolabella rendit la dot de Tullia.

3. Corneille, *Sertorius* :

Rome n'est pas dans Rome, elle est toute où [je suis.

4. Sur cet emploi de *at*, cf. Madvig, *Gr. l.*, 437 : *Res si non splendidas, at tolerabiles.* — *Pro Mil.*, 93 : *Si mihi bona re publica frui non licuerit, at carebo mala.*

quo dictaturam sustulisti. Pone ante oculos lætitiam senatus populique Romani : confer cum hac immani nundinatione tua tuorumque[1] : tum intelliges quantum inter lucrum et laudem intersit. Sed nimirum, ut quidam morbo aliquo et sensus stupore suavitatem cibi non sentiunt, sic libidinosi, avari, facinorosi veræ laudis gustatum non habent. Sed si te laus adlicere ad recte faciendum non potest, ne metus quidem a fœdissimis factis potest avocare? Judicia non metuis. Si propter innocentiam, laudo : sin propter vim, non intelligis, qui isto modo judicia non timeat, ei quid timendum sit? 116. Quod si non metuis viros fortes egregiosque cives, quod a corpore tuo prohibentur armis, tui te, mihi crede, diutius non ferent. Quæ est autem vita dies et noctes timere a suis[2] ? Nisi vero aut majoribus habes beneficiis obligatos, quam ille quosdam habuit ex iis, a quibus est interfectus, aut tu es ulla re cum eo comparandus. Fuit in illo ingenium, ratio, memoria, litteræ[3], cura, cogitatio, diligentia : res bello gesserat, quamvis rei publicæ calamitosas, at tamen magnas : multos annos regnare meditatus, magno labore, magnis periculis quod cogitarat effecerat : muneribus, monimentis[4], congiariis, epulis multitudinem imperitam

1. C. et Lucius Antonius, et Fulvie.

2. *Phil.*, I., 14, 35: « Beatus est nemo qui ea lege vivit ut non modo impune, sed etiam cum summa interfectoris gloria interfici possit. »

3. César était un des premiers orateurs de Rome au jugement de Cicéron (*Brutus*, 72, 252). Quintilien déclare que seul il aurait pu être opposé à Cicéron s'il ne s'était appliqué qu'à l'éloquence. On a conservé les titres de quelques-uns de ses discours : *pro Decio Samnite, in Dolabellam, pro Bithynis pro Plautia rogatione, in Memmium et Domitium, pro Metello*. Il fit des vers, pareils à ceux de Cicéron, mais moins connus ; un éloge d'Hercule, une tragédie, Œdipe, une relation de son voyage d'Espagne, des poésies érotiques, des poésies diverses. Ses vers sur Térence sont bien connus, et font preuve d'une grande finesse de goût. Il connaissait à fond sa langue, qu'il parlait très purement. Il a laissé des ouvrages de grammaire : Deux livres sur l'Analogie, dédiés à Cicéron, et écrits en Gaule ; — des apophthegmes, un traité d'astronomie, deux *Anticatons* en réponse au *Caton* de Cicéron ; — quelques lettres qui se trouvent dans le recueil des lettres à Atticus ; — enfin ses *Commentaires sur la guerre des Gaules et la guerre civile*.

4. César agrandit le *Circus maximus* qui put contenir 260,000 personnes. Il bâtit le Forum Julium, le temple de Vénus Genetrix pour lequel il acheta 80 talents la *Médée* et l'*Ajax* de Timomachus.—*Congiariis*: propre-

delenierat : suos præmiis, adversarios clementiæ specie[1] devinxerat. Quid multa? attulerat jam liberæ civitati partim metu partim patientia consuetudinem serviendi.

XLVI. 117. Cum illo ego te dominandi cupiditate conferre possum, ceteris vero rebus nullo modo comparandus es. Sed ex plurimis malis, quæ ab illo rei publicæ sunt inusta, hoc tamen boni est, quod didicit jam populus Romanus quantum cuique crederet, quibus se committeret, a quibus caveret. Hæc non cogitas? neque intelligis satis esse viris fortibus didicisse quam sit re pulchrum, beneficio gratum, fama gloriosum tyrannum occidere? an, cum illum homines non tulerint, te ferent? 118. Certatim posthac, mihi crede, ad hoc opus curretur neque occasionis tarditas exspectabitur.

Respice, quæso, aliquando [rem publicam, M. Antoni :] quibus ortus sis, non quibuscum vivas considera : mecum, uti voles : redi cum re publica in gratiam. Sed de te tu videris[2] : ego de me ipso profitebor. Defendi rem publicam adolescens[3], non deseram senex : contempsi Catilinæ gladios, non pertimescam tuos. Quin etiam corpus libenter obtulerim, si repræsentari morte mea libertas civitatis potest : 119. ut aliquando dolor populi Romani pariat, quod jam diu parturit ! Etenim si abhinc annos prope viginti hoc ipso in tem-

ment mesure d'un *congius* (3 lit. 33) en vin, blé, huile, — plus tard toute distribution d'argent ou de vivres au peuple. Suet., *Cæsar*, 38 : *Populo præter frumenti denos modios ac totidem olei libras, trecenos nummos quod pollicitus olim erat, viritim divisit, et hoc amplius centenos pro usura.* La *libra* vaut 327 grammes ; le *modius* 8 lit. 63 ; le *nummus* est le sesterce, 0 fr. 212. — *Epulis.* Pour un de ces repas, il fit établir 2200 lits ; il acheta 6000 murènes à C. Hirtius. Dans son troisième consulat (708), il fit servir au peuple des vins de Falerne, de Chio, de Lesbos et de Messine : c'était la première fois qu'on servait quatre vins à un repas. Après son triomphe d'Espagne, il donna deux repas au peuple, qui furent suivis d'une distribution de viande à emporter.

1. Comparer ce passage avec le *Pro Marcello.* La clémence de César était de la politique peut-être plus que de la générosité. Mais dans ce cas l'apparence équivaut à la réalité, l'effet est le même.

2. Madvig, *G. l.*, 340, 4 : « Ce futur passé équivaut au futur simple. *De Fin.* I, 10, 35 : *Quæ fuerit causa, mox videro.* » — *Ac.* II, 44 : *recte secusne alias viderim.*

3. Il avait 44 ans l'année de son consulat. Il étend singulièrement les limites de l'adolescence, que Varron faisait aller jusqu'à 30 ans. Chapelain (*Lettres*, p. 108) le fait remarquer.

plo negavi posse mortem immaturam esse consulari [1], quanto verius nunc negabo seni? Mihi vero, patres conscripti, jam etiam optanda mors est, perfuncto rebus iis; quas *adeptus sum quasque gessi. Duo modo hæc opto, unum, ut* [2] moriens populum Romanum liberum relinquam, — hoc mihi majus ab dis immortalibus dari nihil potest, — alterum, ut ita cuique eveniat, ut de re publica quisque mereatur.

1. *In Cat.*, IV, 3 : *Si quid obtigerit, æquo animo paratoque moriar. Neque enim turpis mors forti viro potest accidere neque immatura consulari, nec misera sapienti.* — Ce passage de la deuxième Philippique est une des preuves de l'authenticité de la quatrième Catilinaire. (Madvig. *Opusc.*, II, 358).

2. Le mss. principal offre ici une lacune, qu'un autre mss. remplit par les mots imprimés en caractère italique.

APPENDICE

La seconde Philippique, écrite à loisir, est un des discours les plus artistement composés de Cicéron. Il serait curieux d'étudier le rapport qui existe entre ce discours et les préceptes de rhétorique donnés par Cicéron dans le *de Inventione*, le *de Oratore*, et l'*Orator*. Il faut remarquer que l'argumentation, dont Cicéron fait la partie essentielle du discours, n'a que peu de place dans une œuvre qui n'appartient ni au genre judiciaire ni au genre délibératif. C'est une *vituperatio*. Le raisonnement n'a pu s'introduire que dans la première partie, où l'auteur écarte les accusations d'Antoine. Ce qui domine c'est le *pathétique : quod Græci* παθητικὸν *vocant, quo perturbantur animi et concitantur, in quo uno regnat oratio.*

Il serait trop long de poursuivre dans le détail l'application des préceptes oratoires de Cicéron à la seconde Philippique. Je renvoie seulement aux résumés des qualités nécessaires à la perfection du discours qui se trouvent dans l'*Orator* (XL, 137, 138, 139), et dans le *de Oratore* (III, 53, 202, 203, 204, 205). A chaque mot de ces deux passages peut être rapporté un exemple de la seconde Philippique : et l'on verra comment Cicéron a su *amplificare rem ornando.*

Je ferai seulement quelques remarques. La seconde Philippique est caractérisée par l'emploi de l'invective.

La théorie de l'invective ou de la diffamation est contenue dans deux passages du *de Oratore.* Cicéron y trace les cadres : la seconde Philippique les remplit.

De Oratore, II, 11, 44 sqq.	2° Philippique.
Les choses par lesquelles on peut attaquer un homme sont ;	
1° Les dons de la nature et de la fortune.	
La naissance.	Antoine est noble, mais il déshonore sa naissance. *Quis præter te adolescens nobilis* (16) — *cum sector sis isto loco natus* (65).
La fortune.	*Te decoxisse* (44), *quæ autem domus* (48), *æs alienum* (50, 93), *in pecunias alienissimorum hominum invasit* (41): les biens de Pompée (64); la maison de Varron (103).
Les proches.	Son père (44), son oncle (98), ses frères (115), sa femme (113), son beau-père Lentulus (18).
Les amis.	Curion (44), Clodius (48), Licinius Denticula (56), Cytheris (58, 61), Hippias et Sergius (62), *mimi, mimæ* (67), *perditissimis latronibus* (87).
Le pouvoir.	La tyrannie, les violences, les illégalités d'Antoine (92 sq.) (108-112).
La santé et la force	La vigueur d'Antoine rend les suites de son ivresse plus honteuses (63).
La beauté.	Usage qu'en fait Antoine (3, 44).
L'intelligence.	*Nihil sapere* (18, 19, 29, 43), etc.
2° Les actes de la liberté humaine :	
Quid (non) sapienter fecerit.	Ibid.
(Non) liberaliter.	Avarice, cupidité d'Antoine (41, 64, 72, 103).
(Non) fortiter.	*Propter timiditatem tuam* (71 et 74, 78).
(Non) juste.	La prise des biens de Pompée, de Varron et d'autres (64, 103, 41). Les illégalités (92, 6).
(Non) magnifice.	*Nudus es concionatus* (111, 84).
(Non) pie, grate.	Sa conduite envers son oncle (56, 98).
(Non) humaniter.	La lecture d'une lettre de Cicéron (8).
De Orat. II, 51, 201, sq. : *Si, quod ipsis qui audiunt perniciosum aut inutile sit, id factum augeas, odium creatur. Sin, quod aut in bonos viros aut in eos in quos minime quisque debuerit, aut in rempublicam, tum excitatur... odii non dissimilis offensio.*	Antoine est menaçant pour le sénat (108, 112 sq.); ses soldats occupent la salle des séances. *Phil.*, II, 6, 51 sq., 85, 92 sq. Conduite d'Antoine avant, pendant et après la guerre civile ; avant et après la mort de César.

Timor incutitur aut ex ipsorum periculis,	Les soldats d'Antoine entourent le sénat (113).
Aut ex communibus.	Antoine veut succéder à César (113 sq.).
Superioribus invidetur sæpe vehementer et eo magis, si intolerantius se jactant, et æqualitatem communis juris præstantia dignitatis aut fortunæ suæ transeunt. Quæ si inflammanda sunt, maxime dicendum non esse virtute parta, deinde etiam vitiis atque peccatis,... non esse tanti ulla merita, quanta insolentia hominis quantumque fastidium.	*Gratiam non virtutis spe sed ætatis flore collectam* (3). Les excès d'Antoine quand César le fit maître de l'Italie (56). Abus de ses fonctions d'augure, de son autorité de consul (80). Actes arbitraires (92), sqq.; ses insolences (105, 107). Antoine ennemi de l'Etat et de la liberté (112, 199).

On le voit, Cicéron n'a omis aucune des divisions qu'il avait indiquées dans le *de Oratore*. Toutes les manières d'amasser le mépris sur un homme sont employées. Ce n'est pas à dire que Cicéron ait eu toutes ces catégories présentes à la mémoire en écrivant sa Philippique; il n'avait pas besoin d'avoir les préceptes devant les yeux sous leur forme scolastique. C'est là le fait d'un art inférieur. Mais ayant porté souvent sa considération sur toutes les choses qui se peuvent louer ou blâmer dans un homme, il s'en était si bien rempli l'esprit que, prenant Antoine à partie, il se trouva naturellement, et, par la force de l'habitude, presque spontanément passer en revue toutes les parties par lesquelles un homme peut être méprisable et n'en omettre aucune. L'art porté dans son plus haut degré de perfection se tourne en une seconde nature; à force d'art, on se passe de l'art.

L'invective prend souvent dans la seconde Philippique la forme de la raillerie: la plaisanterie et l'ironie sont des armes que Cicéron aime à manier et dont il connaît la puissance[1]. Un adversaire réfuté est encore à craindre, un adversaire ridicule est perdu. Mais ici la nature peut tout, l'art n'est rien[2]. Il n'y a pas de méthode pour avoir de l'esprit[3]. Cependant là encore un homme d'esprit peut profiter de la réflexion,

1. *De Orat.*, II, 55, 225. — 2. *Ib.*, 54, 218. — 3. *Ib.*, 54, 218.

et il n'est pas inutile d'avoir appliqué parfois l'effort de son attention à l'examen des catégories du rire. Il est sans doute utile d'avoir cherché, dans un mot risible, ce qui fait qu'il est risible, et de quoi précisément rit le public. Cicéron l'a fait au second livre du *de Oratore* [1]. Il y a examiné les diverses sources du comique, et établi ainsi les divisions (*partitiones*) de la plaisanterie.

Sans doute, quand il lançait ses traits mordants contre Antoine, il ne songeait guère à ces divisions dogmatiques; et il ne se proposait pas expressément de faire une plaisanterie *ex ambiguo*, ou *ex collatione*, ou *præter exspectationem*. Mais sachant où était précisément le comique, et pour ainsi dire la pointe de sa raillerie, ne pouvait-il ainsi la rendre plus poignante et en aiguiser plus finement le trait?

Les moindres détails du style sont réglés par la réflexion. Le choix et la place de chaque mot sont les résultats d'une vue théorique: tout est calculé par un art qui a noté tous les rapports entre la pensée et l'expression, l'expression et l'impression, et qui en tire parti pour faire produire à chaque mot, à chaque syllabe, son maximum d'effet.

Il est impossible en lisant la seconde Philippique de n'être pas frappé du rythme de cette prose. Le nombre et la cadence sont sensibles partout. Il faut se rappeler l'étude faite dans l'*Orator* sur les rythmes de la prose oratoire [2]. L'art des anciens s'astreignait à des minuties où le nôtre dédaigne aujourd'hui, à tort peut-être, de s'abaisser. Il est certain que le nombre des phrases de la seconde Philippique contribue beaucoup à leur effet, et que le secret de l'impression produite est quelquefois dans la combinaison rythmique des mots. Il est aisé de vérifier par la seconde Philippique les théories énoncées à la fin de l'*Orator*, et réciproquement de

1. 54, 72. — 2. Sunt... oratorii numeri. (*Orat.*, 77.)

rendre compte par l'*Orator* de l'arrangement des mots dans la seconde Philippique.

Il y a deux choses, dit Cicéron, qui charment l'oreille, le son et le nombre. Il faut choisir des mots qui sonnent bien..... mais des mots usuels (*sumpta de medio*) [1]. D'un bout à l'autre de la seconde Philippique se fait sentir ce choix de mots harmonieux dont l'oreille est séduite. Il n'est pas besoin d'exemple : toute phrase du discours en peut servir.

Quant au nombre (*numerus*, ῥυθμός), il est produit par le mélange habile des longues et des brèves. La prose doit être rythmée, comme le vers, mais il faut éviter d'introduire des vers parmi la prose[2].

Il y a trois mesures qui peuvent fournir le rythme : *æqualis* (le temps fort est égal au temps faible : ex. le dactyle ¯˘˘), — *duplex* (le temps fort est double du temps faible, ex. l'ïambe ˘¯) ; — *sesquiplex* (le temps fort est égal une fois et demie au temps faible : ex. le péon ¯˘˘˘) [3].

L'ïambe et le dactyle qui forment facilement des vers (*in versum cadunt maxime*), ne doivent pas être employés seuls avec continuité. Au contraire, le péon convient très bien à la prose oratoire, parce que le vers ne s'en accommode pas. Le mieux est de mélanger toutes les mesures et de les faire succéder avec variété [4]. On peut vérifier ce mélange dans tout le cours de la seconde Philippique. Prenons cette phrase : *Non vĭdĕō nĕc īn vītā nĕc īn grātĭā, nĕc īn rēbūs gēstīs, nĕc ĭn hāc mĕă mĕdĭōcrĭtatĕ īngĕnĭī, quĭd dēspĭcĕrĕ pōssĭt Antōnĭŭs*. Tous les rythmes sont mêlés : on peut décomposer la phrase ainsi : dactyle, crétique, spondée, ïambe, crétique, ïambe, spondée, spondée, péon, dactyle, chorée, spondée, anapeste, spondée, péon, ïambe, crétique. Les trois mesures *æqualis*,

1. *Orat.* XLIX, 162. — 2. LVI, 187. — 3. LVI, 188. — 4. LVII, 194 sq.

duplex, sesquiplex, sont confondues. Le discours commence par un ïambique dimètre sans césure : *Quōnām mĕō fatō, pătrēs.* Mais la mesure est rompue par un spondée suivi d'un dactyle et d'autres spondées.

L'ïambe doit se trouver plutôt dans le style simple, le péon dans le style élevé ; dans l'un et l'autre le dactyle. Dans un discours varié et continu, il faut donc les confondre et les mêler[1].

Faut-il s'astreindre au rythme dans tout le cours de la phrase, ou bien au commencement seulement et à la fin ? Il est nécessaire, mais non suffisant que le rythme se fasse sentir à la chute des phrases (*Est autem ut id maxime deceat, non id solum*)[2]. La cadence est continue dans la seconde Philippique, et on ne trouverait guère de phrase qui ne soit rythmée.

Au reste ce rythme n'a rien de strict et de précis. « Dans la prose oratoire, le rythme consiste non pas à soumettre tout à la mesure, mais à rapprocher tout de la mesure : *Id in dicendo numerosum putatur non quod totum constat e numeris, sed quod ad numeros proxime accedit*[3]. » C'est-à-dire qu'il n'y a pas de loi ni de règle fixe : toutes les mesures étant mêlées et confondues librement, le rythme reste vague et indéterminé, et n'est point, comme en vers, rigoureux et précis. En effet, la phrase que j'ai citée pourrait être décomposée ou résolue de vingt manières différentes ; excepté pour les deux mesures finales, il n'y a aucune certitude ni aucune règle qui fasse prévaloir une solution sur une autre. Tout se réduit en somme au mélange des brèves et des longues, en évitant la succession de plusieurs ïambes ou dactyles.

Les brèves donnent de la rapidité, les longues de la lenteur au rythme. La rapidité convient aux discussions, la lenteur aux expositions[4] (*Cursum contentiones magis*

1. LVIII, 192. — 2. LIX, 199. — 3. LVIII, 198. — 4. LXIII, 212.

requirunt, expositiones rerum tarditatem). Les faits et les invectives se mêlent continuellement dans la seconde Philippique et sont inséparables : aussi est-il impossible de trouver un passage où dominent décidément soit les brèves soit les longues. Le rythme change d'une phrase à l'autre selon l'idée, il n'y a point de partie un peu étendue où un même rythme prévale sensiblement d'une façon continue.

Il y a des phrases où l'idée emporte le rythme, où la mesure se détermine d'elle-même par la pensée :

Quæ sive casus habent in exitu similes, sive paria redduntur, sive opponuntur contraria, suapte natura numerosa sunt etiamsi nihil est factum de industria[1]. L'orateur « n'a pas à chercher le rythme, mais à le suivre ». Les exemples abondent dans la seconde Philippique :

(18) *Vitricum tuum fuisse in tanto scelere fatebare, pœna affectum querebare.*

(10) *Non tractabo ut consulem, ne ille quidem me ut consularem.*

(15) *Tuus videlicet salutaris consulatus, perniciosus meus.*

(23) *Stulti erat sperare, suadere impudentis.*

(54) *O miserum te si hæc intelligis, miseriorem si non intelligis.*

(56) *Si severus, cur non in omnes? si misericors, cur non in suos?*

(81) *Nec scit quod augurem, nec facit quod pudentem decet.*

(11) *Defendi rempublicam adolescens, non deseram senex : contempsi Catilinæ gladios, non pertimescam tuos.*

(27) *Quod immemor beneficiorum, memor patriæ fuisset.*

1. XLIX, 164.

Partout où la pensée amène des mots consonants, ou une correspondance symétrique, ou une opposition antithétique, le rythme naît de lui-même.

Ce qui frappe le plus l'oreille, c'est la fin de la phrase. C'est donc là que le rythme doit être le plus sensible et que l'orateur doit porter tout son soin.

Cicéron approuve l'emploi du dichorée (¯˘¯˘) à la fin de la phrase[1]. Cette mesure produit des effets très heureux. C'est un rythme en effet très sensible à l'oreille, surtout quand on marque exactement la différence des brèves et des longues, comme faisaient les Romains dans leur prononciation. Cicéron raconte que C. Carbo ayant prononcé cette phrase : *Patris dictum sapiens temeritas filii cōmprŏbāvĭt*, ce dichorée final fit récrier tout le peuple ! Il approuve donc qu'on se serve du dichorée à condition de n'en pas abuser. Il en a fait un grand emploi dans la seconde Philippique. En voici quelques exemples :

(5) ... *tantam essent gloriam cōnsĕcūti*[2].

(8) ... *in quo habes scientiam quæstŭōsam.*

(Ici le rythme a manifestement imposé la construction.)

(24) *tu tuis flagitiis, egestate, infamia cōncĭdīsses.*

(17) ... *mea auctoritas ēxcĭtāvĭt.*

... *ipsis glōrĭōsum.*

(32) *quæ commendatior hominum memoriæ sēmpĭtērnæ.*

(33) *quæ eorum gloriam non immortalitatis memoriā prōsĕquāntur.*

On trouve fréquemment le dichorée dans les exclamations : et c'est sans doute parce qu'il a un rythme très marqué.

1. LXII, 212 sqq.

2. Il faut se rappeler que la dernière syllabe peut être toujours longue ou brève à volonté. Ainsi l'hexamètre se termine par un trochée ou un spondée indifféremment.

(4) *O impudentiam prædĭcāndam.*

(15) *O impudentiam, nequitiam, libidinem nōn fĕrēndam.*

(83) *O impudentiam sīngŭlārem.*

Le *crétique* (¯˘¯) est signalé dans l'*Orator* comme fournissant aussi une chute nombreuse et agréable[1]. Il est employé dans la seconde Philippique aussi souvent que le dichorée, ou peu s'en faut.

(2) *Quīd pŭtēm? Contemptūmnĕ mē?*

(7) *tollere amicorum colloquia absentĭūm.*

(15) ... *togato ante me nemĭnī.*

(54) *rempublicam expulsam atque exterminatam suis sēdĭbūs.*

(55) ... *interfecit Antōnĭūs..... eripuit Antōnĭūs.* ... *afflixit Antōnĭūs..... referemus Antōnĭō.*

(62) *vini fœda dirēptĭō.*

(97) *Omnino nemo ullius rei fuit emptor, cui defuerit hic vēndĭtōr.*

Dans les exclamations, on rencontre le crétique quelquefois alternant avec le dichorée.

(4) *O incredibilem audācĭam.*

Le péon n'est pas admis par Cicéron à la fin des phrases[2]; il convient plutôt au commencement et au milieu.

Dans la construction de plusieurs phrases on sent le dessein d'éviter de terminer par un péon.

Ainsi *amicorum colloquia absentium.* L'adjectif est séparé de son substantif pour ne point laisser la phrase tomber sur *cōllŏquĭă.* De même: *O incrēdĭbĭlēm audaciam;* il a terminé par le substantif pour avoir un crétique et non un premier péon, quoique dans les exclamations il rejette le plus souvent l'adjectif après le nom.

Le premier péon (¯˘˘˘) convient au début des phrases:

1. LXIV, 29. — 2. LXIV, 29.

Accĭpĭtĕ nunc, *quæso* (XXI, 50). Quant au quatrième péon, Cicéron ne l'interdit pas complètement, et, en effet, on le rencontre dans la seconde Philippique: *nisi quæ prædia hăbŭĕrit* (41). Mais il préfère les autres mesures: *Non plane rejicio, sed alios antepono.*

Il est à remarquer que Cicéron ne parle pas du troisième péon (˘˘¯˘) que l'on rencontre si souvent à la fin de ses phrases : le fameux *ēssĕ vĭdĕātŭr* est un troisième péon précédé d'un trochée, comme l'indique le grammairien Rufin:

> « Tullius hunc laudat cui sit penultima longa,
> *Esse* (trochæus adest), *videatur :* tertius ille.
> Quem pæana vocat Musis devota vetustas. »

On rencontre fréquemment cette *clausule* dans la seconde Philippique : (7) *palămquĕ rĕcĭtāvĭt*; (67) *absorbērĕ pŏtŭīssĕt*. Tous les spondées précédés de deux brèves (54, *fugāmqŭe pŏtŭīssēnt*) peuvent être considérés comme des troisièmes péons, la quantité de la dernière syllabe étant indifférente. Il est curieux que Cicéron n'en parle pas. Cela montre qu'il décomposait autrement ces *clausules*, et qu'il comptait dans *ēssĕ vĭdĕātŭr*, non pas un trochée suivi d'un troisième péon, mais un premier péon suivi d'un trochée ou d'un spondée.

Cicéron ne repousse pas complètement le spondée en théorie[1]. Il en fait même un assez grand usage dans la seconde Philippique:

(86) *At etiam misericordiam captābās : supplex te ad pedes abjiciēbās.*

(64) ... *bona, inquam, Cn. Pompei Magni voci acerbissimæ subjecta præcōnīs.*

(67) *Apothecæ totæ nequissimis hominibus condonabāntur. Alia mimi rapiebant, alia mīmæ.*

C'est une mesure lente, mais grave et qui a de la

1. LXIV, 216.

dignité (*hebetior videtur et tardior, habet tamen stabilem quemdam et non expertem dignitatis gradum*)[1]. Aussi le trouve-t-on surtout dans les passages où la voix de l'orateur s'élève et s'enfle le plus, soit dans l'éloge, soit dans l'invective (cf. les morceaux sur les meurtriers de César, — sur la vente des biens de Pompée).

Cicéron recommande le spondée surtout dans les incises et les membres de phrase : en voici quelques exemples :

(54) ... *hoc litteris mandārī, hoc memoriæ prōdī.*

(17) *Etenim cum homines nefarii de patriæ parricidio confiterēntūr, consciorum indiciis, sua manu, voce pæne litterarum coāctī, se urbem inflammārē, cives trucidare, vastare Italiam, delere rempublicam consensīsse....*

(85) ... *dominum habere vēllēs....*

(81) ...*quod neque comitiis licet per lēgēs*, etc.

(104) *Ab hora tertia bibebatur, vomebatur.*

Le spondée, et surtout le crétique et le dichorée sont les mesures les plus approuvées et les plus employées par Cicéron.

L'ïambe, le tribraque et le dactyle ne sont pas bons à la fin de la phrase (*male concludunt*)[2]. On trouve peu de tribraques dans la seconde Philippique : (8) *sapere dŏcĕăt*, (93) *quæ sunt ăd Opĭs*, (72) *pŏtĕrăt.* Mais il y a un très grand nombre de phrases terminées par un ïambe ou un dactyle. Cela ne fait point de difficulté. Pour le dactyle, comme Cicéron le fait remarquer, il équivaut au crétique, la dernière syllabe étant indifférent. Il faut donc compter comme crétiques tous les dactyles qui terminent des phrases : (94) *mortuus*, (54) *sedibus*, (73) *dicere*, (75) *Antonius*, (97) *venditor*, etc. Quant à l'ïambe, ce que dit Cicéron dans l'*Orator*, montre qu'il faut réunir à l'ïambe la syllabe longue qui

1. LXIV, 216. — 2. LXIV, 217.

le précède, pour en faire un crétique (*perniciosŭs mĕūs* — (119) *quanto verius nunc negabō sĕnī*, etc.

Il ne faut pas seulement s'occuper du dernier pied, mais de l'avant-dernier aussi, et même de l'antépénultième[1]. L'ïambe, le tribraque et le dactyle iront très bien devant le spondée (ou le chorée) ; de cette sorte :

˘– –– (18) *quĕrēbare*

˘˘˘˘ (67) *ălĭă mimæ*

(85) *rĕjĭcĭebat*

–˘˘ –– (86) *ābjĭcĭebas*

(104) *bĭbēbatur*

Le *dochmiaque* est approuvé par Cicéron ; mais il ne faut pas en abuser, à cause de son rythme très marqué (˘––˘–) ; on le rencontre très souvent dans la seconde Philippique.

(54) ... *exterminatam sŭīs sēdĭbŭs.*

(70) ... *et consŭl ĕt Antōnĭūs.*

(119) ... *nĕgābō sĕnĭ.*

Cicéron n'indique pas toutes les combinaisons dans l'*Orator*, elles seraient trop nombreuses. Il en est quelques-unes qui reviennent assez fréquemment dans la seconde Philippique et qu'il faut signaler :

le crétique devant le dichorée : (5) *glōrĭām cōnsĕcūti*

l'ïambe — (8) *scĭēntĭām qūæstŭōsăm*

le spondée — (27) *ĭpsīs glōrĭōsŭm*

le péon — (32) *mĕmŏrĭæ sēmpĭtērnæ*

— (35) *mĕmŏrĭā prōsĕquāntur*

le double crétique — (13) *āntĕ mē nēmĭnī*

le spondée devant le crétique (104) *dēvērsōrĭūm*

le crétique devant le spondée (68) *ēssĕ jūcūndūm*

le double spondée (104) *vōmēbātur*

(67) *condōnābāntŭr*

Ce sont là les *clausules* les plus fréquentes.

De nos jours un musicien homme d'esprit s'est di-

1. LXVI, 216.

verti quelquefois, dit-on, à rythmer un article de journal, et à le chanter en s'accompagnant au piano. Ce qui est un spirituel paradoxe, quand il s'agit de la prose de nos journaux, ne serait pour la prose oratoire des anciens que la traduction en acte d'une vérité : cette prose est une sorte de récitatif. Elle est rythmique, et il n'y aurait qu'à découvrir ce rythme et à le suivre. C'est ce que faisaient les orateurs anciens dans leur déclamation, qui certainement était chantante.

Quelle était donc essentiellement la différence qui séparait la prose de la poésie ? Ce n'est pas le vers absent dans la prose, présent dans la poésie, ou du moins il ne suffit pas pour établir nettement la distinction entre les deux formes littéraires. De même que les vers ïambiques abondent dans la prose latine [1], de même il y a de la poésie qui se passe de vers. Il y a dans la poésie lyrique des Grecs et même parfois des Romains des systèmes ou périodes métriques où il est impossible de reconnaître des vers : ce sont des pieds de même nature qui se suivent sans qu'on puisse les décomposer en vers, et où l'on ne peut que distinguer comme dans une période oratoire un certain nombre de membres (κῶλα) inégaux en étendue.

Ce qui sépare nettement la prose du vers, c'est l'emploi de rythmes incompatibles, que la poésie exclut. Ainsi la barbarie attribuée par Horace au vers saturnien vient de ce que les trochées succèdent aux ïambes.

Dabunt | malum | Metel | li | Nœvi | o po | etæ.

Le rythme ïambique où l'ἄρσις (temps faible) précède la θέσις (temps fort), est le contraire du rythme trochaïque où la θέσις précède l'ἄρσις. Aussi les vers ïambiques n'admettent-ils pas le trochée

1. *Orat.*, LVI, 190.

et réciproquement, quoique le trochée et l'ïambe aient trois temps et appartiennent tous les deux au genre double. Dans le vers on ne peut rompre la cadence; c'est ce que la prose fait sans cesse : ce qui la caractérise c'est que le rythme y est sans cesse brisé, que l'on passe à chaque instant du trochée à l'ïambe, et que l'on y assemble des mouvements contraires.

Le rapport de l'ἄρσις et de la θέσις n'est jamais constant, il est sans cesse modifié, et dans ses deux éléments : la durée et l'ordre.

C'est l'ordre fixe de la θέσις et de l'ἄρσις qui fait le vers, c'est leur ordre indéterminé qui caractérise la prose; comme le dit Quintilien, le rythme résulte de la durée du temps, le mètre de leur ordre[1].

Outre le son des mots et leur arrangement rythmique, il reste encore à l'orateur à en considérer l'étendue. La longueur de la phrase est aussi un élément de la cadence générale du discours : le mélange des phrases étendues et courtes est dans le discours ce que le mélange des syllabes longues et brèves est dans la phrase. De plus toute espèce de phrase ne convient pas à toute espèce d'idée : il y a des rapports très étroits dérivés de la nature même des choses qui imposent à telle pensée telle forme. La propriété des mots ne suffit pas à l'expression de l'idée, il y a aussi une certaine propriété des phrases. La forme de la phrase doit être comme l'expression synthétique de l'idée, dont les mots sont l'expression analytique.

Les formes que l'orateur a à sa disposition sont les suivantes :

1° Le style haché (*cæsim dicere*[2]). Par exemple, dans la seconde Philippique : (44) *concedo*. Cette forme, très vive et très brève, convient dans les discussions animées,

1. IX, 4 46. Rhythmi, id est numeri spatio temporum constant, metra etiam ex ordine.
2. *Orat.*, LXVI, 221 sqq.

où l'auteur prend son adversaire corps à corps et engage avec lui un dialogue rapide.

2° L'incise (en grec κόμμα, *incise dicere*). Par exemple (*Phil.*, II, 67) : *Nihil erat clausum, nihil obsignatum, nihil scriptum.*

3° Le membre (en grec κῶλον), *membratim dicere* (*Phil.*, II, 67) : *Sit hoc inhumanitatis tuæ, stultitiam incredibilem videte.*

Ces deux formes, dit Cicéron, conviennent surtout dans les argumentations et réfutations, devant les tribunaux. Dans la seconde Philippique nous trouvons les κόμματα et κῶλα principalement dans les récits, dans les expositions de faits : le pillage des biens de Pompée, *Alia mimi rapiebant, alia mimæ.* — L'offre de la couronne à César : *Tu diadema imponebas : ille cum plausu rejiciebat* — Les orgies dans la maison de Varron : *Ab hora tertia bibebatur, ludebatur, vomebatur.* Les exclamations se font nécessairement par incises ou par membres : *O incredibilem audaciam ! o impudentiam prædicandam !*

4° La période (περίοδος, *comprehensio, ambitus*). Dans sa forme la plus simple elle se compose de deux membres (72) : *quorum facinus est commune, cur non sit eorum præda communis ?* Dans sa forme la plus parfaite elle est carrée (*quadrata*) : elle a quatre membres: *Non existimavit sui similibus probari posse, se esse hostem patriæ, nisi mihi esset inimicus.* Mais il y en a de bien plus étendues (6) : *Quod quidem cujus temperantiæ*, etc. — (54) *O miserum te*, etc.

Il est curieux que Cicéron, dont le nom était attaché au style périodique par les érudits de la Renaissance, fait de grandes réserves sur l'emploi de la période. Il trouve cette forme peu appropriée au genre judiciaire (*remotum a judiciis forensique certamine*[1]) et plus

1. LXI, 207.

faite pour le genre épidictique. Il faut, dit-il, user rarement dans les plaidoyers de la période (*non modo non frequenter, verum etiam raro in veris causis aut forensibus circumscripte dicendum est*[1]). Il ajoute après *circumscripte, numeroseque*, ne séparant pas le rythme de la période. La période doit céder la place aux incises et membres (κόμματα, κῶλα), qui sont les vraies phrases du genre judiciaire[2]. Le rythme doit être réduit au *minimum*, aux derniers mots de la phrase. La période et le rythme reprendront du reste leur importance dans tous les passages où la voix de l'orateur s'élèvera : dans les éloges, dans les narrations graves, dans les amplifications[3], dans toutes les parties enfin où le ton moyen du plaidoyer est dépassé, et surtout dans la péroraison. Mais la période continue dans un plaidoyer ne serait pas convenable à la nature du discours et rebuterait par la monotonie. En somme, le genre judiciaire est celui dont la forme est la moins artistique, quoiqu'il y faille encore beaucoup d'art.

Revenons à la seconde Philippique. On voit en résumé que toutes les ressources de l'art y sont mises en œuvre et produisent leurs effets propres. La forme est d'une perfection achevée : trop achevée peut-être au gré des modernes, qui, moins préoccupés de la beauté, croient souvent qu'il suffit de bien penser. Mais les anciens, épris partout des belles formes, les recherchaient dans un discours comme dans une statue. Qu'on lise cette admirable phrase : *O miserum te, si hoc intelligis, miseriorem, si non intelligis, hæc litteris mandari, hoc memoriæ prodi, hujus rei ne posteritatem quidem omnium sæculorum umquam immemorem fore, consules ex Italia expulsos, cumque iis Cn. Pompeium quod imperii populi Romani decus ac lumen fuit, omnes consulares, qui per valetudinem exsequi cladem*

1. LXVI, 221. — 2. LXII, 211. — 3. LXII, 210.

illam fugamque potuissent, prætores, prætorios, tribunos plebis, magnam partem senatus, omnem sobolem juventutis, unoque verbo rempublicam expulsam atque exterminatam suis sedibus (54). L'idée est belle. N'est-il pas vrai aussi que cette phrase a sa beauté propre, indépendante de la pensée, résultant du son même des mots, de leur arrangement rythmique, de la mesure des finales, du mélange des incises et des membres inégaux en étendue, et de cette cadence libre et harmonieuse qui soutient les mots et les porte jusqu'au bout? Rien de plus artistique que cette phrase. Elle se compose de trois parties, qui sont séparées chacune par un temps :

1re Partie : deux membres à finales symétriques, terminés tous les deux par un spondée et un crétique.

2e Partie : trois membres, les deux premiers courts, terminés tous les deux par un spondée, le troisième se prolongeant et aboutissant à un crétique ;

3e Partie : deux incises, terminées par un spondée ; un membre finissant par un spondée et un crétique ; une autre incise, composée d'un spondée et d'un dichorée ;

un membre aboutissant à un premier péon suivi d'un chorée ;

une incise formée d'un molosse ;

une incise formée d'un spondée et d'un ïambe ;

une incise formée d'un bacchiaque et d'un chorée ;

deux incises plus longues terminées l'une par un dichorée, l'autre par un ïambe et un chorée ;

un membre étendu, terminé par un dochmiaque.

N'est-il pas vrai que le mouvement de la phrase est admirablement approprié au mouvement de la pensée et le suit avec un accord merveilleux? que l'ampleur du rythme égale et rend pleinement la grandeur de la pensée? A force d'art la phrase, qui a pourtant sa beauté propre, fait corps avec la pensée et ne s'en sépare plus : le moule est si parfait qu'on ne l'aperçoit plus. Nulle part le soin donné à la forme ne nuit au fond ; au contraire, la perfection de la forme rehausse la valeur de la pensée, qui est traduite exactement.

Ce sont là des remarqnes très minutieuses, et qu'on pourrait pousser encore beaucoup plus loin. Notre art dédaigne ces détails et les méprise ; mais il est impossible, si on ne les considère pas, de comprendre dans sa plénitude l'art des orateurs anciens.

TABLE

1396 — PARIS, IMPRIMERIE A. LAHURE
9, rue de Fleurus, 9.

A LA MÊME LIBRAIRIE

OUVRAGES A L'USAGE DE LA CLASSE DE RHÉTORIQUE

LANGUE FRANÇAISE

NOTIONS ÉLÉMENTAIRES DE RHÉTORIQUE ET DE LITTÉRATURE, par M. DIDIER. In-12, cart. 1 50

LITTÉRATURE FRANÇAISE, principes de composition et de style, par M. DELTOUR. In-12, cart. 2 75

HISTOIRE DE LA LITTÉRATURE FRANÇAISE, par M. TIVIER. 1 volume, in-12, cart. 3 50

COURS ÉLÉMENTAIRE DE LITTÉRATURE, par M. l'abbé VERNIOLLES. In-12, cart. 2 75

— **Cours élémentaire de rhétorique et d'éloquence**, par LE MÊME. In-12, cartonné 2 75

— **Traité de l'art épistolaire**, par LE MÊME. In-12, cart. . . . . . 2 »

RECUEIL NOUVEAU DE MORCEAUX CHOISIS, par MM. ÉTIENNE et RIGAULT. In-12, cart. . . . . . 4 »

BOILEAU. Œuvres poétiques (TRAVERS). In-12, cart. 1 50

— **Art poétique** (TRAVERS). In-12, broche . . . . . . » 40

BUFFON. Discours sur le style (HÉMARDINQUER). In-12, cart. . . . . . » 30

CORNEILLE. Sertorius (HEINRICH). In-12, cart. . . . . .

— **Théatre choisi** (HEINRICH). In-12, cartonné . . . . . .

FÉNELON. Lettre sur les occupations de l'Académie française (DESPOIS). In-12, cart. . . . . . » 80

LA BRUYÈRE. Les Caractères (HÉMARDINQUER). In-12, cart. 2 80

LA FONTAINE. Fables (COLINCAMP). In-12, cart. 1 60

MOLIÈRE. Misanthrope. In-12, cart.

— **Tartufe** (PELLISSON). 1 vol. in-12, cartonné . . . . . .

PASCAL. Pensées (HAVET). In-12, cart. 3 »

— **Provinciales, Ire, IVe, XIIIe** (HAVET). In-12, cart. . . . . .

RACINE. Phèdre (BERNARDIN). In-12, cartonné . . . . . .

— **Théatre choisi** (BERNARDIN). In-12, cartonné . . . . . .

THÉATRE CLASSIQUE. In-12, cart. 3 »

VOLTAIRE. Siècle de Louis XIV (DAUBAN). In-12, cart. 2 75

— **Extraits** (CH. BIGOT). In-12, cart..

LANGUE LATINE

COMPOSITIONS LITTÉRAIRES FRANÇAISES ET LATINES, par M. AUBERTIN. In-12, br. 2 50

HISTOIRE DE LA LITTÉRATURE LATINE, par M. J. GIRARD. 1 vol. in-12, cartonné . . . . . .

HISTOIRE DE LA LITTÉRATURE ROMAINE, par M. PAUL ALBERT. 2 vol. in-8, brochés . . . . . . 10 »

— *Le même ouvrage*. 2 vol. in-12, br. . . 7 »

EXERCICES MÉTHODIQUES DE VERSION LATINE, par MONNIER. In-12, broché . . . . . . 2 »

CONCIONES LATINÆ rhetoricæ (J. GIRARD). In-12, cart. 2 50

CICERON. *Pro T. Ann. Milone* (CABOCHE). In-12, br. . . . . . » 30

— *Deuxième philippique*, (LANSON). 1 vol. in-12, cart. . . . . .

— *Lettres choisies* (HELLEU). 1 vol. in-12, cart. . . . . . » 60

HORATII (Q.) Flacci Opera (CARTELIER). In-12, cart. . . . . . 2 »

LUCRÈCE. Extraits . . . . . . » »

PLINE LE JEUNE Choix de lettres (DEMOGEOT). 1 vol. in-12, cart. 1 25

TACITI. Quæ exstant opera (BOISTEL, E. DESPOIS, DEMOGEOT, L. GIDON, J. NAUDET et NICOL). 1 vol. in-12, cart. . . . . . 4 »

TACITE. Annales. Livres XIV et XV (A. NICOLAS). 1 vol. in-12, cart . . . . . . » 90

TERENCE Adelphes (BETOUT). 1 vol. in-12, cart. . . . . .

— *Le même* (MAGIN) . . . . . . » 80

TITE LIVE, Livres XXVI, XXVII, XXVIII, XXIX, XXX, (J. GIRARD). In-12, cart..

P. VIRGILII Maronis Opera (BOUCHOT). In-12, cart 2 25

— *Le même* (DUVAUX). In-12. cart. . . . .

LANGUE GRECQUE

HISTOIRE DE LA LITTÉRATURE GRECQUE, par M. E. BURNOUF. 2 vol. in-8°, br. . . . . . 10 »

Le même ouvrage. 2 vol. in-12, br. . . 7 »

ARISTOPHANE. Nouveaux extraits (HATZFELD). In-12, cart. . . . . . 2 »

DÉMOSTHÈNES. Discours sur la couronne (LANDOIS). In-12, cart. 1 25

— *Le même ouvrage* (CROISET). In-12, cart. 1 10

— *Philippique (les Quatre)* (ETIENNE). In-12, cart. . . . . . » 80

HOMÈRE. L'Iliade (CARTELIER) 3 50

— *Le même*, (CARTELIER) chants I, II, XVIII et XXII. In-12, cart. *Chaque chant*. . . » 25

PLATON. Criton (DRUON). 1 vol. in-12, br. rog. . . . . . » 70

— **Apologie** (VALTON). 1 vol. in-12, broché, rog. . . . . . » 60

SOPHOCLE. Antigone (BERGER). In-12, cart. . . . . . 1 »

— *Œdipe à Colone* (BERGER). In-12, cart. 1 »

— *Le même* (CROISET). In-12, cart. . . . . . 1 »

— *Œdipe roi* (BERGER). In-12, cart, ... 1 »

THUCYDIDE. Extraits (G. BLOCH). 1 vol. In-12, cart. . . . . .

XÉNOPHON. Mémorables (TH. H. MARTIN). 1 vol. in-12, cart. 1 75

LANGUES VIVANTES

SCHILLER. La fiancée de Messine (CHARLES). 1 vol. in-12 . . . . . .

SHAKESPEARE. Henri VIII (GROUILLARD). 1 vol. in-12 . . . . . .

— **Richard III** (GROUILLARD). 1 volume, in-12 . . . . . . 5 10

— **Othello** (GÉRARD). 1 vol. in-12, cart.

BYRON. Childe Harold (J. DARMESTETER). 1 vol. in-12 . . . . . .

Histoire de la littérature anglaise, par M. JUSSERAND. 1 vol. in-12 . . . . . . »

Paris. — Impr. E. CAPIO[illegible]

www.ingramcontent.com/pod-product-compliance
Ingram Content Group UK Ltd.
Pitfield, Milton Keynes, MK11 3LW, UK
UKHW020914180726
13838UKWH00002B/541

9 782329 397054